Papst Franziskus

Credo

Papst Franziskus

Credo

Was uns das Glaubensbekenntnis verspricht

Herausgegeben von Stefan v. Kempis

kbw bibelwerk

Für die Texte von Papst Franziskus:
© Libreria Editrice Vaticana

Für diese Ausgabe:
© Verlag Katholisches Bibelwerk GmbH, Stuttgart 2015
Alle Rechte vorbehalten

Umschlaggestaltung: Finken & Bumiller, Stuttgart
Umschlagmotiv: © dpa / picture alliance
Satz: Barbara Herrmann, Freiburg
Druck und Bindung: finidr s.r.o., Český Těšín
Printed in the Czech Republic

www.bibelwerk.de

ISBN 978-3-460-32139-7

Inhalt

Zur Einführung 7
Das Apostolische Glaubensbekenntnis 11

Ich glaube 13
... mit meinem Leben 13
... an Überliefertes 15
... an eine Tür, die sich öffnet 18
... im Gespräch mit Nichtglaubenden 26
... und das hat Konsequenzen 32

Ich glaube an Gott 37
... den Vater 39
... den Allmächtigen 44
... den Schöpfer des Himmels und der Erde 46

und an Jesus Christus, seinen eingeborenen Sohn, unseren Herrn 55
... empfangen durch den Heiligen Geist 66
... geboren von der Jungfrau Maria 70
... gelitten unter Pontius Pilatus; gekreuzigt, gestorben und begraben 78
Kein Christentum ohne Kreuz 78
Bin ich Judas oder Petrus? 82
Das Kreuz: Gottes Antwort 86
Auf das Kreuz schauen 89
Das Kreuz als Thron Jesu 91
... hinabgestiegen in das Reich des Todes 94

... am dritten Tage auferstanden von den Toten 96
Wirklich auferstanden 96
Wir glauben dem Zeugnis der Frauen 101
... aufgefahren in den Himmel 108
... Er sitzt zur Rechten Gottes, des allmächtigen Vaters; von dort wird er kommen, zu richten die Lebenden und die Toten 111
Er wird wirklich wiederkommen 111
Wir leben in der Zwischenzeit 113
Die Fragen des Jüngsten Gerichts 117
Christus ist die Mitte 118

Ich glaube an den Heiligen Geist 123
Gottes Leben in uns 123
Was an Pfingsten geschah 126
Das Wirken des Heiligen Geistes 131
Über den Heiligen Geist in Heiligen Land 134
... die heilige, katholische Kirche 137
Unsere Mutter, unsere Familie 138
Mutter Kirche 141
Heilig und katholisch 144
Volk Gottes 149
... Gemeinschaft der Heiligen 152
... Vergebung der Sünden 155
Verlass das Grab 162
... Auferstehung der Toten und das ewige Leben 162
Unser Anker: die Hoffnung 166

Anhang 169
Auszüge aus der Enzyklika *Lumen Fidei* 169

Zur Einführung

Was uns das Glaubensbekenntnis verspricht? Das ist, zugegeben, ein etwas gewagter Untertitel: Als würde uns das richtige Bekenntnis, das korrekte Credo auch ganz handfeste Vorteile einbringen, mehr Geld und Erfolg im Leben etwa, zumindest aber vordere Plätze im Himmel. Einige freikirchliche Gruppen aus Lateinamerika, der Heimat des neuen Papstes, denken ja durchaus so; Franziskus aber nicht. Was also kann uns das Credo versprechen und was können wir uns aus Franziskus' Sicht vom Glaubensbekenntnis erhoffen?

Wir können uns, so antwortet der Papst, keinen Preis am Schluss davon erhoffen, aber einen Weg durch das Leben. Einen Weg, auf dem wir nicht im Kreis laufen, sondern eine Richtung haben. Und auf dem wir nicht allein sind, weil Gott mit uns geht. »Wer glaubt, ist nie allein«, hatte schon Franziskus' Vorgänger Benedikt XVI. in genialer Verknappung formuliert, und auch der argentinische Papst hat sich diese Worte in seiner ersten Enzyklika zu eigen gemacht; sie entsprechen seiner tiefsten Überzeugung. »Das Ziel, die Bestimmung ist die Begegnung mit Gott, mit dem wir bereits in Gemeinschaft getreten sind«, schrieb er einmal in Buenos Aires in einem Hirtenbrief.

Der Glaube – ein Weg. Oder aber, wie Franziskus noch als Erzbischof in Argentinien geschrieben hat: eine offene Tür. Auch das deckt sich mit dem dynamischen Credo-Verständnis, wie es schon Joseph Ratzinger in seiner Zeit als Universitätslehrer in seiner »Einführung in das Christentum« aus den sechziger Jahren gezeigt hat, als er das Glaubensbekenntnis nicht als starre Rezitation, sondern als einen aus einem Gespräch –

einem Taufdialog – hervorgegangenen Text deutete. Ähnliche Ansätze also, doch ansonsten ganz andere Akzente: Anders als Ratzinger–Benedikt denkt Bergoglio–Franziskus nicht vom Dogma her, sondern aus einer stark jesuitischen Spiritualität heraus, die sofort auf die Umsetzung ins konkrete Leben drängt. Nicht um präzise, einkreisende Formulierungen geht es ihm, sondern um illustrierende. Um offene, bewegliche, in Bewegung setzende. Nicht an das Denken appelliert seine Redeweise in erster Linie, sondern an das Herz und an die Phantasie.

Der Glaube ist für diesen Papst kein Lehrgebäude. Er ist auch kein Schatz, den wir irgendwo wegschließen können. Christus klopft an die Tür unseres Herzens – aber nicht von außen, sondern von innen; und der Heilige Geist darf doch bitte nicht in einen Käfig gesperrt werden. Das sind nur einige der Sätze, mit denen Franziskus ins Offene zielt. Jesuiten sollten Menschen mit einem unabgeschlossenen Denken sein, hat der Papst einmal vor Mitbrüdern seines Ordens gepredigt, und um genau dieses unfertige, für Neues aufgeschlossene Denken geht es. Das hat nicht nur mit Dynamik oder Spontaneität zu tun, sondern rührt ans Gottesbild. Auch Gott ist für ihn immer neu: ein Gott der Überraschungen. Wie wir ja auch nicht an einen Text glauben, sondern an eine Person.

Das relativiert unser Glaubensbekenntnis nicht. Aber es verhindert radikal, dass wir uns mit diesem Text zufriedengeben. Und es erlaubt, dass wir ihn uns ganz persönlich zu eigen machen. Es ist wohl kein Zufall, dass dieser Papst als junger Erwachsener einmal ein ganz persönliches Credo notiert hat, das von der Inkarnation des »Ich glaube« in seine eigene Biographie hinein Zeugnis gibt. Das Credo – nicht in Stein gemeißelt, sondern ins eigene Leben übersetzt.

Auf dem Weg durch das Leben sind, darauf macht uns Franziskus aufmerksam, nicht nur die Glaubenden unterwegs, sondern schlechterdings alle Menschen: Wir sind eine große Bruderschaft der Straße. Gott finden wir nur auf dem Weg, er »erscheint an den Wegkreuzungen« (an brasilianische Bischöfe in Rio, 27.7.2013); wir finden ihn und suchen ihn gleich wieder von Neuem, ein Wechselspiel des Beinahe und Doch-wiedernicht. Uns geht es da, ob wir Glaubende sind oder nicht, wie den enttäuschten Jüngern auf dem Weg nach Emmaus: Er begleitet uns, aber wir erkennen ihn nicht. In dieser Sichtweise ist das Credo, wie es einst die großen Konzilien der frühen Christenheit formulierten, nicht länger eine Scheidewand zwischen Glaubenden und Nichtglaubenden – der Weg verbindet uns alle. Wie schon Benedikt mit seiner Initiative »Vorhof der Völker«, geht auch Franziskus ohne Berührungsängste auf Nichtglaubende zu.

Dieses Buch lädt zu einem spirituellen Weg durch das Glaubensbekenntnis ein; Franziskus, der wie jeder Jesuit die »Geistlichen Übungen« des heiligen Ignatius durchlaufen hat, ist unser Exerzitienmeister. Die Texte, die ich von ihm zusammengetragen habe, haben unterschiedliche Formen, vom Hirtenbrief bis zum Mitschnitt eines Gesprächs. Sie sind in der Regel nach seiner Wahl zum Papst am 13. März 2013 entstanden; einige Male, vor allem im ersten Kapitel, habe ich aber auch einige ältere Texte ausgewählt, weil sie mir besonders aussagekräftig erscheinen.

Von der Vielfalt der Formen und den zuweilen eigenwilligen Formulierungen des Papstes werden Sie, liebe Leserinnen und Leser, sich hoffentlich nicht verwirren lassen. Nehmen Sie sie als eine Chance, unser altes Credo einmal durch eine neue Brille zu betrachten.

Das Wort »betrachten« drängt sich hier übrigens in seinem Doppelsinn auf: Diese Texte wollen am liebsten nicht studiert, nicht akademisch untersucht, sondern betrachtet werden.

Besonders am Herzen liegen mir die Auszüge aus Predigten von Papst Franziskus bei seinen täglichen Frühmessen in der »Casa Santa Marta«, dem Vatikan-Gästehaus, in dem er auch wohnt. Hier spricht der »Pfarrer von Santa Marta« jedes Mal völlig frei, hier sind wir seiner Art, zu denken und zu reden, am nächsten. Diese Originaltöne habe ich für dieses Buch selbst ins Deutsche übersetzt. Dabei habe ich mich bemüht, den spontanen Sprechstil des Originals beizubehalten. Alle Ausschnitte aus Papst-Texten in diesem Buch halten sich also an die offizielle Fassung – mit Ausnahme der Santa-Marta-Predigten, von denen es eine solche offizielle Fassung des vollständigen Predigttextes gar nicht gibt. Ich freue mich, dass dieses Buch nicht ohne diese für das Denken von Papst Franziskus so wesentlichen Predigten auskommen muss.

Die Kapiteleinteilung folgt dem Aufbau des Apostolischen Glaubensbekenntnisses; im Anhang finden sich einige Auszüge aus der ersten Enzyklika des Papstes über den Glauben. Ich wünsche Ihnen und uns einen »buen camino« – das ist ein jahrhundertealter Gruß der Pilger auf dem Jakobsweg, der mir in unserem Zusammenhang sehr passend scheint. Einen »guten Weg« also!

Stefan v. Kempis

Das Apostolische Glaubensbekenntnis

Ich glaube an Gott,
den Vater, den Allmächtigen,
den Schöpfer des Himmels und der Erde,
und an Jesus Christus,
seinen eingeborenen Sohn, unsern Herrn,
empfangen durch den Heiligen Geist,
geboren von der Jungfrau Maria,
gelitten unter Pontius Pilatus,
gekreuzigt, gestorben und begraben,
hinabgestiegen in das Reich des Todes,
am dritten Tage auferstanden von den Toten,
aufgefahren in den Himmel;
er sitzt zur Rechten Gottes, des allmächtigen Vaters;
von dort wird er kommen,
zu richten die Lebenden und die Toten.
Ich glaube an den Heiligen Geist,
die heilige katholische Kirche,
Gemeinschaft der Heiligen,
Vergebung der Sünden,
Auferstehung der Toten
und das ewige Leben.
Amen.

Ich glaube

… mit meinem Leben

Kurz vor seiner Priesterweihe im Dezember 1969 verfasste Jorge Mario Bergoglio, der heutige Papst, »in einem Augenblick großer spiritueller Intensität« ein eigenes Glaubensbekenntnis, das er über Jahrzehnte aufbewahrt hat. Es zeugt von einer sehr direkten Übersetzung des »Ich glaube« in sein eigenes Leben hinein. Hier drückt sich die Überzeugung aus, dass der Glaube ins konkrete Leben hineingehört. Wenige Jahre zuvor hatte Papst Paul VI. zum Abschluss des Zweiten Vatikanischen Konzils ebenso ein Credo formuliert, das sich allerdings viel enger an den Originaltext des Glaubensbekenntnisses anlehnte.

Sehr schnell kommt Bergoglio in seinem Credo auf andere Menschen zu sprechen; er glaubt, so schreibt er, an das Gute im Menschen – eine Wendung, die frappierend an die gleichlautenden, aber unter ganz anderen Umständen notierten Worte im Tagebuch von Anne Frank erinnert. Die persönlichen Bezüge im Credo sind vielfältig: Bergoglios Anspielung auf einen Frühlingstag gilt einer Beichte, die er an einem 21. September (an diesem Tag beginnt in Argentinien, anders als in Europa, der Frühling) bei einem Padre Duarte in Buenos Aires ablegte und die am Anfang seiner Berufung zum Priester stand.

Ich will an Gott den Vater glauben, der mich wie einen Sohn liebt, an Jesus Christus, den Herrn, der seinen Heiligen Geist in mein Leben eingoss, um mir ein Lächeln zu schenken und mich so zum Reich des ewigen Lebens zu führen.

Ich glaube an meine Geschichte, die von dem Blick eines liebenden Gottes durchdrungen ist, der an einem Frühlingstag, dem 21. September, mich traf und mich einlud, ihm nachzufolgen.

Ich glaube an meinen Schmerz, der durch den Egoismus, in den ich mich flüchte, unfruchtbar wird.

Ich glaube an die Armseligkeit meiner Seele, die aufzunehmen versucht, ohne zu geben ... ohne zu geben ...

Ich glaube, dass die anderen Menschen gut sind, dass ich sie ohne Furcht lieben müsste, ohne sie jemals zu verraten, um damit eine Sicherheit für mich zu suchen.

Ich glaube an das Leben aus dem Glauben.

Ich glaube, dass ich viel Liebe schenken möchte.

Ich glaube an den täglichen Tod, der mich aufzehrt und den ich fliehe, der mich aber dennoch anlächelt und mich einlädt, ihn zu akzeptieren.

Ich glaube an die Geduld Gottes, die mich aufnimmt und die gut ist wie eine Sommernacht.

Ich glaube, dass Papa bei Gott im Himmel ist.

Ich glaube, dass Padre Duarte auch dort ist und für mein Priestertum betet.

Ich glaube an Maria, meine Mutter, die mich liebt und mich niemals alleinlassen wird.

Und ich erwarte die Überraschung eines jeden neuen Tages, in welcher sich die Liebe, die Kraft, der Verrat und die Sünde zeigt, die mich begleiten werden bis zu jener end-

gültigen Begegnung mit diesem wunderbaren Antlitz, von dem ich nicht weiß, wie es ist, dem ich andauernd entfliehe, das ich aber kennen und lieben möchte. Amen.
(Aus: Papst Franziskus, Mein Leben – mein Weg. El Jesuita, © Verlag Herder, Freiburg 2013, S. 140f.)

➤ Zum Weiterdenken: Wie sähe mein eigenes Glaubensbekenntnis aus? Was verspreche ich mir vom Credo?

… an Überliefertes

Ohne den Glauben ist es unmöglich, ein Leben zu führen, ohne Ärgernis zu erregen … (Wir brauchen) nur das Licht des Glaubens, dieses Glaubens, den wir empfangen haben: des Glaubens an einen barmherzigen Vater, an einen Sohn, der sein Leben für uns hingegeben hat, an einen Heiligen Geist, der in uns wohnt und uns hilft zu wachsen, des Glaubens an die Kirche, des Glaubens an das Volk Gottes, getauft, heilig. Und das ist ein Geschenk, der Glaube ist ein Geschenk. Niemand kann über Bücher, über den Besuch von Vorträgen, zum Glauben kommen. Der Glaube ist ein Geschenk Gottes, das du erhältst, und deshalb baten die Apostel Jesus: »Stärke unseren Glauben!«
(Predigt in der Frühmesse, 10.11.2014)

Wer in Gott bleibt, wer von Gott gezeugt wurde, wer in der Liebe bleibt, der besiegt die Welt, und der Sieg ist unser Glaube. Von unserer Seite her: der Glaube. Von der Seite Gottes her … der Heilige Geist, der dieses Werk der Gnade wirkt.

Von unserer Seite her der Glaube. Das ist ungeheuerlich! Und das ist der Sieg, der die Welt besiegt hat: unser Glaube! Unser Glaube vermag alles! Er ist ein Sieg! Und es wäre schön, wenn wir uns das auch selbst wiederholen würden, denn allzu oft sind wir besiegte Christen. Die Kirche ist voll von besiegten Christen, die nicht daran glauben, dass der Glaube ein Sieg ist: die diesen Glauben nicht leben. Denn wenn man diesen Glauben nicht lebt, dann ist die Niederlage da, und dann siegt die Welt, der Fürst dieser Welt.

Der Glaube besteht darin, Gott zu bekennen – aber den Gott, der sich uns offenbart hat, von den Zeiten unserer Väter bis heute; den Gott der Geschichte. Und das ist derjenige, den wir jeden Tag im Credo nennen. Es ist eine Sache, das Credo mit dem Herzen aufzusagen, und eine andere, es wie Papageien herunterzuplappern, oder? Ich glaube, ich glaube an Gott, ich glaube an Jesus Christus, ich glaube ... Glaube ich an das, was ich sage? Ist dieses Bekenntnis des Glaubens echt, oder sage ich die Dinge ein bisschen auswendig daher, weil man das so machen soll? Oder glaube ich nur zur Hälfte? Den Glauben bekennen! Ganz, nicht nur zum Teil! Ganz! Und diesen Glauben ganz bewahren, so wie er auf uns gekommen ist, auf der Straße der Tradition: den ganzen Glauben!

Und wie kann ich wissen, ob ich den Glauben richtig bekenne? Da gibt es ein Zeichen: Wer den Glauben richtig bekennt, und zwar den ganzen Glauben, der hat die Fähigkeit zum Anbeten. Zum Anbeten Gottes. Wir wissen, wie wir Gott bitten sollen, wie wir Gott danken sollen – aber Gott anzubeten, Gott zu loben ist mehr als das. Nur wer diesen starken und zur Anbetung fähigen Glauben hat ... Ich wage zu sagen, dass das Thermometer des Lebens der Kirche darin etwas niedrig ist. Wir Christen – einige schon – sind nicht besonders gut darin, anzubeten, denn wenn wir den Glauben bekennen, dann tun wir das nicht aus Überzeugung. Oder wir glauben nur die Hälfte ...

Der glaubende Mann oder die glaubende Frau vertraut sich Gott an: sich anvertrauen! Paulus sagte in einem dunklen Moment seines Lebens: »Ich weiß gut, wem ich mich anvertraut habe«. Gott! Dem Herrn Jesus! Sich anvertrauen: und das führt uns zur Hoffnung. So wie das Bekenntnis des Glaubens uns zur Anbetung und zum Lob Gottes führt, so führt uns das sich-Gott-Anvertrauen zu einer Haltung der Hoffnung. Es gibt so viele Christen mit einer zu verwässerten, nicht starken Hoffnung: einer schwachen Hoffnung. Warum? Weil sie nicht die Kraft und den Mut haben, sich dem Herrn anzuvertrauen. Aber wenn wir Christen glauben, den Glauben bekennen, den Glauben auch bewahren und uns Gott, dem Herrn, anvertrauen, dann werden wir siegende Christen sein. Und das ist der Sieg, der die Welt besiegt hat: unser Glaube!

(Predigt in der Frühmesse, 10.1.2014)

➤ Zum Weiterdenken: Wie sage ich das Glaubensbekenntnis auf? »Plappere« ich? Vorschlag: das Credo einmal ganz in Ruhe innerlich aufsagen und dabei betrachten.

Gehen. Dieses Verb lässt uns an den Lauf der Geschichte denken, an jenen langen Weg der Heilsgeschichte, angefangen von Abraham, unserem Vater im Glauben, den der Herr einst dazu rief, aufzubrechen, sein Land zu verlassen, um in das Land zu ziehen, das er ihm zeigen werde. Von da an ist unsere Identität als Glaubende die Identität pilgernder Menschen auf dem Weg zum verheißenen Land. Diese Geschichte wird stets vom Herrn begleitet! Er ist seinem Bund und seinen Verheißungen immer treu. Weil er treu ist, ist »Gott ... Licht, und keine Finsternis ist in ihm« (1 Joh 1,5). Auf der Seite des Volkes wechseln hingegen Momente des Lichtes und des Dunkels, Treue und Untreue, Gehorsam und Auflehnung einander ab – Momente des pilgernden Volkes und Momente des umherirrenden Volkes.

Auch in unserer persönlichen Geschichte wechseln helle und dunkle Momente, Licht und Schatten einander ab. Wenn wir Gott und die Mitmenschen lieben, gehen wir im Licht, doch wenn unser Herz sich verschließt, wenn in uns Stolz, Lüge und die Verfolgung der eigenen Interessen vorherrschen, dann bricht in und um uns die Finsternis herein. »Wer aber seinen Bruder hasst«, schreibt Johannes, »ist in der Finsternis. Er geht in der Finsternis und weiß nicht, wohin er geht; denn die Finsternis hat seine Augen blind gemacht« (1 Joh 2,11). – Ein Volk unterwegs, jedoch ein pilgerndes Volk, das nicht ein umherirrendes Volk sein will.

(Predigt in der Christmette, 24.12.2013)

... an eine Tür, die sich öffnet

Mit dem Apostolischen Schreiben »Porta Fidei« (»Tür des Glaubens«) rief Papst Benedikt XVI. im Oktober 2011 ein »Jahr des Glaubens« für 2012–2013 aus. Anlass war der 50. Jahrestag der Beendigung des Zweiten Vatikanischen Konzils. In einem Hirtenbrief griff Jorge Mario Bergoglio als Erzbischof von Buenos

Aires das Bild vom Glauben als Tür auf. Benedikt trat Ende Februar 2013 zurück; Bergoglio, am 13. März 2013 zum Papst gewählt, führte das Glaubensjahr weiter. Charakteristisch für diesen Hirtenbrief ist Bergoglios Überzeugung, dass der Glaube keine »Privatangelegenheit« ist: »Um den Glauben mit Worten zu bekennen, muss man ihn im Herzen leben und mit Werken zeigen.«

Liebe Brüder, es gehört zu den negativsten Erfahrungen der letzten Jahrzehnte, die Türen verschlossen zu finden. Die wachsende Unsicherheit hat nach und nach dazu geführt, die Türen zu verriegeln, Überwachungsanlagen, Sicherheitskameras zu installieren, Fremden, die an unsere Tür klopfen, zu misstrauen. An einigen Orten gibt es jedoch noch Türen, die geöffnet bleiben. Die verschlossene Tür ist ein Symbol für unsere Zeit. Sie ist mehr als nur eine soziologische Tatsache, sie ist eine existentielle Wirklichkeit, die einen Lebensstil bezeichnet, eine Art, der Wirklichkeit, den anderen, der Zukunft zu begegnen. Die verschlossene Tür meines Hauses, des Ortes meiner Zurückgezogenheit, meiner Träume, meiner Hoffnungen und Leiden ebenso wie meiner Freuden, ist verschlossen für die anderen. Und es geht dabei nicht nur um mein materielles Haus, sondern auch um die Einzäunung meines Lebens, meines Herzens. Immer weniger Menschen können diese Schwelle überschreiten. Die Sicherheit von Panzertüren schützt die Unsicherheit eines Lebens, das immer zerbrechlicher und unempfänglicher für die Reichtümer des Lebens und der Liebe der anderen wird.

Das Bild der offenen Tür war immer schon das Symbol für Licht, Freundschaft, Freude, Freiheit, Vertrauen. Wie sehr müssen wir all das zurückgewinnen! Die verschlossene Tür schadet uns, lässt uns verkümmern, trennt uns voneinander. Wir beginnen das Jahr des Glaubens, und paradoxerweise ist das Bild, das der Papst uns vorschlägt, das Bild der Tür, einer Tür, die durchschritten werden muss, um das zu finden, was uns so sehr fehlt …

Die Tür des Glaubens verweist uns auf die Apostelgeschichte: »Als sie dort angekommen waren, riefen sie die Gemeinde zusammen und berichteten alles, was Gott mit ihnen zusammen getan und dass er den Heiden die Tür zum Glauben geöffnet hatte« (Apg 14,27). Gott ergreift immer die Initiative und will nicht, dass irgendjemand ausgeschlossen bleibt. Gott klopft an die Tür unseres Herzens: »Ich stehe vor der Tür und klopfe an. Wer meine Stimme hört und mir die Tür öffnet, bei dem werde ich eintreten und wir werden Mahl halten, ich mit ihm und er mit mir« (Offb 3,20). Der Glaube ist eine Gnade, ein Geschenk Gottes …

Diese Tür zu durchschreiten setzt voraus, einen Weg einzuschlagen, der das ganze Leben andauert. Beim Voranschreiten kommen wir an vielen Türen vorbei, die sich uns heute anbieten. Viele davon sind falsche Türen, die sehr verlockend, aber trügerisch dazu einladen, durch sie einzutreten, die ein leeres und narzisstisches Glück verheißen, das von beschränkter Dauer ist; Türen, die uns an einen Scheideweg führen, auf dem sich, unabhängig von der Wahl, die wir treffen, über kurz oder lang Angst und Orientierungslosigkeit einstellen …

Während die Türen der Häuser verschlossen sind, sind die Türen zum Shopping immer geöffnet. Man durchschreitet die Tür des Glaubens, man überschreitet diese Schwelle, wenn das Wort Gottes verkündigt wird und das Herz sich durch die verwandelnde Gnade formen lässt: eine Gnade, die einen konkreten Namen hat, und dieser Name ist Jesus. Jesus ist die Tür (vgl. Joh 10,9). Er, und nur er, ist und bleibt die Tür. Niemand kommt zum Vater außer durch ihn (vgl. Joh 14,6). Wenn Christus nicht da ist, gibt es keinen Weg zu Gott. Da er die Tür ist, öffnet er uns den Weg zu Gott, und als guter Hirt ist er der einzige, der für uns Sorge trägt zum Preis seines Lebens. Jesus ist die Tür und er klopft an unsere Tür, damit wir ihn die Schwelle unseres Lebens überschreiten lassen … Die Türen öffnen, wie die Emmausjünger es taten, und ihn bitten, bei uns zu bleiben, um die Türen des Glaubens durchschreiten zu können und damit der Herr selbst uns dahin führt, die Gründe zu verstehen, aus denen heraus man glaubt, um dann hinzugehen und ihn zu verkünigen. Der Glaube setzt voraus, dass man sich entschließt, beim Herrn zu bleiben, um mit ihm zu leben und ihn mit den Brüdern zu teilen.

Danken wir Gott für diese Gelegenheit, unser Leben als Kinder Gottes dankbar zu schätzen, und für diesen Weg des Glaubens, der in unserem Leben mit dem Wasser der Taufe begonnen hat, dem unerschöpflichen und fruchtbaren Wasserstrahl, der uns zu Kindern Gottes und zu Brüdern und Gliedern der Kirche macht. Das Ziel, die Bestimmung ist die Begegnung mit Gott, mit dem wir bereits in Gemeinschaft getreten sind, und der uns wiederherstellen, läutern, erheben, heiligen und uns das Glück schenken will, nach dem unser Herz sich sehnt.

(Hirtenbrief von Kardinal Bergoglio zur Eröffnung des »Jahres des Glaubens« im Herbst 2012. In: »L'Osservatore Romano«, Wochenausgabe in deutscher Sprache, Nr. 18/2013)

Dieses Jahr des Glaubens zu beginnen ist ein neuer Aufruf, in unserem Leben den Glauben, den wir empfangen haben, zu vertiefen. Um den Glauben mit Worten zu bekennen, muss man ihn im Herzen leben und mit Werken zeigen: ein Zeugnis und eine öffentliche Verpflichtung. Der Jünger Christi, Kind der Kirche, darf nie meinen, dass der Glaube eine Privatangelegenheit sei. Er stellt Tag für Tag eine wichtige und anspruchsvolle Herausforderung dar ... Wenn wir unsere Wirklichkeit als missionarische Jünger betrachten, dann fragen wir uns: »Worin besteht die Herausforderung, die Schwelle des Glaubens zu überschreiten?«

Die Schwelle des Glaubens überschreiten fordert uns dazu heraus zu entdecken, dass wir – auch wenn heute scheinbar der Tod in seinen verschiedenen Formen herrscht und die Geschichte vom Gesetz des Stärkeren oder des Schlaueren bestimmt ist und Hass und Ehrgeiz Triebkräfte vieler menschlicher Auseinandersetzungen sind – dennoch vollkommen überzeugt sind, dass diese traurige Wirklichkeit sich entschieden ändern kann und ändern muss, denn »ist Gott für uns, wer ist dann gegen uns?« (Röm 8,31).

Die Schwelle des Glaubens überschreiten setzt voraus, dass man sich nicht schämt, das Herz eines Kindes zu haben, das noch an das Unmögliche glaubt und in der Hoffnung leben kann: das Einzige, was Sinn schenken und die Geschichte verändern kann. Das bedeutet, unermüdlich zu bitten, unverzagt zu beten und anzubeten, damit unser Blick verklärt wird.

Die Schwelle des Glaubens überschreiten bringt uns dazu, für einen jeden darum zu bitten, so gesinnt zu sein, »wie es dem Leben in Christus Jesus entspricht« (Phil 2,5). So erfahren wir eine neue Weise zu denken und miteinander zu kommunizieren, einander zu betrachten, einander zu achten, in der Familie zu sein, die Zukunft zu planen, die Liebe und die Berufung zu leben.

Die Schwelle des Glaubens überschreiten bedeutet zu handeln, Vertrauen zu haben in die Kraft des Heiligen Geistes, der in der Kirche gegenwärtig ist und sich auch in den Zeichen der Zeit offenbart; es bedeutet, den ständigen Fluss des Lebens und der Geschichte zu begleiten, ohne in lähmenden Defätismus zu verfallen, der die Vergangenheit immer für besser hält als die Gegenwart. Es ist dringend notwendig, Neues zu denken, Neues beizutragen, Neues zu schaffen und das Leben mit dem Sauerteig der Gerechtigkeit und der Heiligkeit zu durchwirken (vgl. 1 Kor 5,8).

Die Schwelle des Glaubens überschreiten bedeutet, Augen zu haben, die staunen, und ein Herz, das nicht trägen Gewohnheiten verfallen ist, das zur Erkenntnis fähig ist, dass jedes Mal, wenn eine Frau ein Kind zur Welt bringt, weiter auf das Leben und auf die Zukunft gesetzt wird, und dass wir, wenn wir für die Unschuld der Kinder Sorge tragen, die Wahrheit der Zukunft garantieren, und dass wir einen Akt der Gerechtigkeit tun und unsere Wurzeln liebkosen, wenn wir das hingegebene Leben eines alten Menschen zärtlich umsorgen.

Die Schwelle des Glaubens überschreiten ist die mit Würde und Berufung zum Dienen gelebte Arbeit, mit der Selbstlosigkeit dessen, der, ohne vor dem Leben zu resignieren, ständig neu beginnt, als wäre alles Getane nur ein Schritt auf das Reich Gottes, die Fülle des Lebens, hin. Es ist das stille Warten nach der täglichen Aussaat, es bedeutet, die geerntete Frucht zu betrachten und dem Herrn zu danken, denn er ist gütig, und ihn zu bitten, nicht abzulassen vom Werk seiner Hände (vgl. Ps 13,8).

Die Schwelle des Glaubens überschreiten verlangt von uns, für die Freiheit und das Zusammenleben zu kämpfen, auch wenn unser Umfeld darauf zu verzichten scheint, in der Gewissheit dessen, was der Herr von uns verlangt: »Recht tun, Güte und Treue lieben, in Ehrfurcht den Weg gehen« mit unserem Gott (Mi 6,8).

Die Schwelle des Glaubens überschreiten bringt die ständige Bekehrung unserer Einstellungen, Verhaltensweisen und Lebensregeln mit sich: neu gestalten und keine Flicken aufsetzen oder einen neuen Anstrich geben; die Neugestaltung, die Jesus Christus allen Dingen verleiht, die seine Hand und sein Evangelium des Lebens berühren; uns bemühen, etwas nie Dagewesenes für die Gesellschaft und für die Kirche zu tun; denn: »wenn jemand in Christus ist, dann ist er eine neue Schöpfung« (2 Kor 5,17).

Die Schwelle des Glaubens überschreiten lässt uns vergeben und weiß ein Lächeln zu entlocken; es bedeutet, sich jedem zu nähern, der am Rande des Lebens steht, und ihn bei seinem Namen zu rufen; es bedeutet, sich um die Gebrechlichkeit der Schwächsten zu kümmern und ihre zitternden Knie zu stützen, in der Gewissheit, dass das, was wir für einen unserer geringsten Brüder tun, Jesus selbst tun (vgl. Mt 25,40).

Die Schwelle des Glaubens überschreiten bedeutet, das Leben zu preisen und uns verwandeln zu lassen, weil wir eins geworden sind mit Jesus am Tisch der Eucharistie, die in der Gemeinschaft gefeiert wird, und von dort aus mit den Händen und mit den Herzen tätig zu sein und am großen

Plan des Reiches Gottes zu arbeiten: Alles andere wird uns dazugegeben (Mt 6,33).

Die Schwelle des Glaubens überschreiten bedeutet, im Geist des Konzils ... zu leben, als Kirche, deren Türen offen sind – nicht nur, um andre aufzunehmen, sondern vor allem um hinauszugehen und die Straßen und das Leben der Menschen unserer Zeit mit dem Evangelium zu erfüllen ...

Die Schwelle des Glaubens überschreiten bedeutet letztlich, die Neuheit des Lebens des in unserem armen Fleisch auferstandenen Jesus Christus anzunehmen, um daraus ein Zeichen des neuen Lebens zu machen.

Indem wir über all das nachdenken, richten wir unseren Blick auf Maria. Möge sie, die Jungfrau und Mutter, uns begleiten, wenn wir die Schwelle des Glaubens überschreiten, und möge sie für unsere Kirche von Buenos Aires die Herabkunft des Heiligen Geistes erflehen, wie in Nazaret, damit wir wie sie den Herrn anbeten und hinausgehen können, die großen Taten zu verkünden, die er an uns getan hat.

(Hirtenbrief von Kardinal Bergoglio zur Eröffnung des »Jahres des Glaubens« im Herbst 2012. In: »L'Osservatore Romano«, Wochenausgabe in deutscher Sprache, Nr. 18/2013)

➤ Zum Weiterdenken: Ist meine Tür offen oder verschlossen? Die Schwelle des Glaubens zu überschreiten bedeutet für mich ... Wie ergänze ich den Satz?

… im Gespräch mit Nichtglaubenden

Wenn ich mit Atheisten zusammenkomme, tausche ich mich über menschliche Belange aus, doch ich werfe nicht gleich zu Beginn die Frage nach Gott auf, es sei denn, meine Gesprächspartner tun das selbst. In diesem Fall erzähle ich ihnen, warum ich gläubig bin. Aber das Menschliche bietet so viel, was man teilen kann, an dem man arbeiten kann, dass wir in aller Ruhe gegenseitig unsere Reichtümer ergänzen können. Da ich gläubig bin, weiß ich, dass diese Reichtümer eine Gabe Gottes sind. Ich weiß auch, dass der andere, der Atheist, das nicht weiß. Ich lasse mich auf die Beziehung nicht ein, um einen Atheisten zu bekehren, ich respektiere ihn und zeige mich, wie ich bin. In dem Maße, in dem man sich kennenlernt, stellen sich Wertschätzung, Zuneigung und Freundschaft ein. Ich habe keinerlei Vorbehalte, ich würde nicht zu ihm sagen, dass sein Leben verwerflich ist, denn ich bin überzeugt davon, dass ich kein Recht habe, ein Urteil über die Aufrichtigkeit eines anderen Menschen zu fällen. Erst recht nicht, wenn er menschliche Vorzüge aufweist, solche, die die Leute erhöhen und mir gut tun.
(Aus: Über Himmel und Erde: Jorge Bergoglio im Gespräch mit dem Rabbiner Abraham Skorka – Das persönliche Credo des neuen Papstes, Riemann Verlag, © Verlagsgruppe Random House, Berlin 2013, S. 27)

Wir müssen uns an die Botschaft der Bibel halten: Jeder Mensch ist ein Ebenbild Gottes, ob er nun gläubig ist oder nicht. Allein aus diesem Grund verfügt er über eine Reihe von Tugenden, Qualitäten, über Größe.

(Aus: Über Himmel und Erde: Jorge Bergoglio im Gespräch mit dem Rabbiner Abraham Skorka – Das persönliche Credo des neuen Papstes, Riemann Verlag, © Verlagsgruppe Random House, Berlin 2013, S. 28)

Die spirituelle Erfahrung der Begegnung mit Gott ist nicht kontrollierbar. Man spürt, dass Er da ist, man ist sich sicher, aber man kann es nicht kontrollieren … Deshalb gibt es in der Gotteserfahrung immer ein Fragezeichen, einen Freiraum, wo man den Glauben wagt … Wir können sagen, was Gott nicht ist, wir können von seinen Attributen sprechen, was er jedoch ist, können wir nicht sagen.

(Aus: Über Himmel und Erde: Jorge Bergoglio im Gespräch mit dem Rabbiner Abraham Skorka – Das persönliche Credo des neuen Papstes, Riemann Verlag, © Verlagsgruppe Random House, Berlin 2013, S. 29)

Der italienische Publizist und Agnostiker Eugenio Scalfari von der Tageszeitung »La Repubblica« veröffentlichte im Sommer 2013, kurz nach Bergoglios Wahl zum Papst, einen Brief mit mehreren Fragen an ihn. Die Antwort des Papstes wurde ebenfalls in »La Repubblica« abgedruckt.

In den beiden ersten Fragen geht es Ihnen darum, so scheint mir, die Haltung der Kirche gegenüber dem, der den Glauben an Jesus nicht teilt, zu verstehen. Zunächst fragen Sie mich, ob der Gott der Christen dem, der nicht glaubt und den Glauben nicht sucht, verzeiht. Vorausgesetzt – und dies ist fundamental –, dass die Barmherzigkeit Gottes keine Grenzen hat, wenn sich jemand mit aufrichtigem und reumütigem

Herzen an ihn wendet, so besteht die Frage für den nicht an Gott Glaubenden darin, dem eigenen Gewissen zu gehorchen. Sünde ist auch beim Nichtglaubenden, wenn man gegen das Gewissen handelt. Auf das Gewissen zu hören und ihm zu gehorchen bedeutet nämlich, sich angesichts des als gut oder böse Erkannten zu entscheiden. Und von dieser Entscheidung hängt ab, ob unser Handeln gut oder schlecht ist.

Weiter fragen Sie mich, ob es ein Irrtum oder eine Sünde sei zu glauben, es gebe nichts Absolutes und daher auch keine absolute Wahrheit, sondern nur eine Reihe relativer und subjektiver Wahrheiten. Zunächst würde ich nicht, nicht einmal für den Glaubenden, von »absoluter« Wahrheit sprechen im Sinne, dass absolut das ist, was los, frei von jeglicher Beziehung ist. Nach dem christlichen Glauben ist die Wahrheit die Liebe Gottes zu uns in Jesus Christus. Wahrheit ist also eine Beziehung! Dafür spricht, dass auch jeder von uns die Wahrheit von sich selbst her erfasst und ausdrückt – von seiner Geschichte und Kultur, von der Situation, in der er lebt, usw. Das heißt nicht, dass Wahrheit veränderlich und subjektiv wäre, im Gegenteil. Aber es bedeutet, dass sie sich uns immer nur als Weg und Leben gibt. Hat nicht Jesus selbst gesagt: »Ich bin der Weg, die Wahrheit und das Leben«? Anders gesagt, da die Wahrheit letztlich eins mit der Liebe ist, erfordert sie Demut und Offenheit, um gesucht, angenommen und ausgedrückt zu werden. Daher muss man sich gut über die Begriffe verständigen und vielleicht, um aus den Engführungen einer – absoluten – Entgegensetzung herauszukommen, die Frage von Grund auf neu formulieren. Ich meine, dies ist heute unbedingt notwendig …

Schließlich fragen Sie mich, ob mit dem letzten Menschen auf der Erde auch das Denken verschwinden wird, das Gottes fähig ist. Gewiss, die Größe des Menschen besteht darin, Gott denken zu können, also eine bewusste und verantwortungsvolle Beziehung mit ihm leben zu können. Aber die Beziehung besteht zwischen zwei Wirklichkeiten. Gott – dies ist meine Überzeugung und Erfahrung, doch wie viele, gestern und heute, teilen sie! – Gott ist keine Idee, sei sie noch so groß, Gott ist kein Ergebnis menschlichen Denkens. Gott ist eine Wirklichkeit mit großem »W«. Jesus offenbart uns Gott – und lebt seine Beziehung zu ihm – als unendlich gütigen und barmherzigen Vater. Gott hängt also nicht von unserem Denken ab. Im Übrigen, auch wenn das menschliche Leben auf der Erde enden sollte – und für den christlichen Glauben ist diese Welt, so wie wir sie kennen, auf jeden Fall dazu bestimmt, zu Ende zu gehen –, wird der Mensch und auf eine uns unbekannte Weise auch das mit ihm erschaffene Universum nicht aufhören zu existieren. Die Heilige Schrift spricht von »einem neuen Himmel und einer neuen Erde« und sagt, dass am Ende – in einem Wo und Wann, das jenseits von uns ist, aber nach dem wir im Glauben voll Sehnsucht und Erwartung streben – Gott »alles in allem« sein wird.

Sehr geehrter Herr Dr. Scalfari, damit schließe ich meine Überlegungen ab, die von Ihren Mitteilungen und Fragen an mich hervorgerufen worden sind. Nehmen Sie sie als den Versuch einer provisorischen, aber aufrichtigen und vertrauensvollen Antwort auf Ihre Einladung an, die ich so aufgefasst habe, ein Stück des Weges gemeinsam zu gehen. Glauben Sie mir: Trotz aller Langsamkeit, Untreue, Fehler und Sünden, welche die Menschen, die die Kirche bilden, begangen haben können und immer noch begehen können – die Kirche hat keinen anderen Sinn und Zweck als den, Jesus zu leben und zu bezeugen. Er ist vom *Abba* gesandt worden, »den Armen eine gute Nachricht zu bringen, den Gefangenen die Entlassung zu verkünden und den Blinden das Augenlicht, die Zerschlagenen in Freiheit zu setzen und ein Gnadenjahr des Herrn auszurufen« (vgl. Lk 4,18–19).

In brüderlicher Nähe: Franziskus

(Brief an den Journalisten Eugenio Scalfari, 11.9.2013)

➤ Zum Weiterdenken: »Wahrheit ist eine Beziehung« – ein überraschender Satz, oder? Wie verstehe ich ihn? Und hat das Folgen für mein Credo? »Die Wahrheit ist eine Begegnung«, hat der Papst einmal in einer Frühmesse formuliert. Hatte ich schon einmal eine solche Begegnung?

Im Frühjahr 2014 ließ sich der Papst von Jugendlichen aus Belgien interviewen. Dabei sagte ihm ein Mädchen: »Ich glaube nicht an Gott, aber Ihre Gesten und Ihre Ideale inspirieren mich. Vielleicht haben Sie eine Botschaft für uns alle, für die jungen Christen, für die Menschen, die nicht glauben oder die einen anderen Glauben haben oder auf andere Weise glauben?«

Ich meine, dass man in der Art zu sprechen die Authentizität suchen muss. Und für mich bedeutet Authentizität: Ich spreche mit Geschwistern. Wir sind alle Geschwister. Gläubige, Nichtgläubige, Angehörige dieser oder jener Konfession, Juden, Muslime ... wir sind alle Geschwister. Der Mensch steht im Mittelpunkt der Geschichte, und das ist für mich sehr wichtig: Der Mensch steht im Mittelpunkt. In diesem Augenblick der Geschichte ist der Mensch aus dem Mittelpunkt hinausgeworfen worden, er ist an den Rand gerutscht, und im Mittelpunkt – wenigstens in diesem Augenblick – steht die Macht, das Geld. Und wir müssen uns für die Menschen einsetzen, für den Mann und die Frau, die das Abbild Gottes sind.

Auf die Frage eines anderen Mädchens hin, wie man am besten Zeugnis vom Glauben geben sollte, antwortete der Papst:

Zeugnis geben mit Einfachheit. Denn wenn du den Glauben wie eine Fahne vor dir herträgst, wie auf einem Kreuzzug, und hingehst, um Proselytismus zu betreiben, das geht nicht. Der beste Weg ist das Zeugnis, aber mit Demut: »Ich bin so«, mit Demut, ohne Triumphalismus. Das ist auch eine Sünde von uns, auch eine schlechte Haltung, der Triumphalismus. Jesus war kein Triumphalist, und auch die Geschichte lehrt uns, keine Triumphalisten zu sein, denn die großen Triumphalisten wurden besiegt. Das Zeugnis: Das ist ein Schlüssel, das stellt vor Fragen. Ich lege es mit Demut ab, ohne Proselytismus zu betreiben. Ich biete es an. So ist es. Und das macht keine Angst. Du gehst nicht auf einen Kreuzzug.

(Interview mit belgischen Jugendlichen, 31.3.2014)

... und das hat Konsequenzen

Jesus verurteilt diese Kosmetik-Spiritualität, also schön und gut nach außen zu wirken, aber die innere Wahrheit ist etwas anderes! Jesus verurteilt jene, die höflich sind, aber schlechte Gewohnheiten pflegen, also jene Gewohnheiten, die man nicht haben sollte und versteckt trotzdem hat. Das Äußere mag stimmen, wenn Leute auf den Plätzen herumspazieren und sich allen als Betende zeigen und so tun, als ob sie beim Fasten ein bisschen leiden ...

Was zählt, ist der Glaube. Und welcher Glaube? Nun, jener, der durch die Nächstenliebe zur Tat wird. Das ist das, was Jesus dem Pharisäer sagt. Es geht also nicht nur darum, das Glaubensbekenntnis auswendig aufsagen zu können. Wir alle glauben an den Vater, den Sohn und den Heiligen Geist ... wir glauben an das ewige Leben ... aber das allein genügt nicht, sonst folgt der Stillstand. Was zählt, ist der Einsatz mit Jesus Christus, indem man Armen hilft. Wichtig ist, sich von Geld zu lösen, also der Vergötterung des Geldes. Jede Gier entfernt uns von Gott.

(Predigt in der Frühmesse, 13.10.2014)

Ein Glaube, der keine Frucht trägt, ist kein Glaube. Auch wir machen hierin oft Fehler. Wir hören jemanden sagen: »Ich bin tief gläubig!« oder: »Ich glaube alles!« Doch vielleicht führt der Mensch, der das sagt, ein laues, schwaches Leben. Sein Glaube ist wie eine Theorie, aber er ist nicht lebendig in seinem Leben. Wenn der Apostel Jakobus in seinem Brief über den Glauben spricht, dann spricht er von der Lehre, von dem, was der Inhalt des Glaubens ist: Doch ihr könnt alle Gebote, alle Prophezeiungen, alle Glaubenswahrheiten kennen, aber wenn sich das nicht in die Praxis, wenn es sich nicht in die Werke übersetzt, dann nützt es nichts. Wir können das Glaubensbekenntnis theoretisch aufsagen, auch ohne Glauben. Und es gibt sehr viele Menschen, die das tun! Auch die Dämonen! Die Dämonen kennen das sehr genau, was man im Glaubensbekenntnis sagt, und wissen, dass es die Wahrheit ist … (Sie) kennen die gesamte Theologie, sie kennen den *Denzinger* auswendig *[Handbuch, in dem die kirchlichen Lehrdokumente enthalten sind, Anm. d. Übers.]*, aber sie haben keinen Glauben … Glauben haben heißt nicht, Wissen zu haben: Glauben zu haben bedeutet, die Botschaft Gottes, die Jesus Christus uns gebracht hat, anzunehmen, diesen Glauben zu leben und weiterzugeben.

Die Christen, die den Glauben denken wie ein System von Ideen, ein ideologisches System: Auch zur Zeit Jesu hat es so etwas gegeben. Der Apostel Johannes sagt über sie, dass sie der Antichrist sind, die Ideologen des Glaubens … Und so sind diejenigen, die in die Kasuistik oder die Ideologie abgleiten, Christen, die die Lehre kennen, aber ohne Glauben. Wie die Dämonen. Mit dem Unterschied, dass die Dämonen zitterten und jene nicht: Sie leben in aller Ruhe.

Der Glaube führt immer dazu, dass man Zeugnis ablegt. Der Glaube ist eine Begegnung mit Jesus Christus, mit Gott, und dort entsteht er und führt zum Zeugnis. Das ist es, was der Apostel (Johannes in seinem Brief) sagen will: Ein Glaube ohne Werke, ein Glaube, der dich nicht direkt berührt und dich nicht dazu bringt, Zeugnis abzulegen, ist kein Glaube. Dann sind es nur Worte. Und nichts weiter als Worte.

(Predigt in der Frühmesse, 21.2.2014)

Der Glaube ist vor allem ein Geschenk, das wir empfangen haben. Aber um Früchte zu tragen, erfordert die Gnade Gottes immer unsere Offenheit gegenüber Gott, unsere freie und konkrete Antwort. Christus kommt, um uns die rettende Barmherzigkeit Gottes zu bringen. An uns ist es, uns ihm anzuvertrauen, dem Geschenk seiner Liebe mit einem guten Leben zu entsprechen, in dem unser Handeln vom Glauben und von der Liebe beseelt ist.

(Generalaudienz, 24.4.2013)

Das, was Christus in uns gewirkt hat, ist eine Neu-Schöpfung; Christi Blut hat uns neu erschaffen; es ist eine zweite Schöpfung. Und wenn zuvor unser Leben, unser Leib, unsere Seele, unsere Gewohnheiten auf dem Weg der Sünde, der Gesetzlosigkeit waren, so müssen wir uns jetzt der Anstrengung unterziehen, auf dem Weg der Gerechtigkeit, der Heiligung zu gehen. Paulus bedient sich dieses Wortes: Heiligkeit. Wir alle sind getauft worden. In jenem Augenblick – wir waren damals Kinder – haben unsere Eltern in unserem Namen das Glaubensbekenntnis gesprochen: »Ich glaube an Jesus Christus, der uns die Sünden vergeben hat ...« (Diesen Glauben) müssen wir wieder annehmen und durch unsere Lebensweise voranbringen. Und die christliche Lebensweise besteht darin, diesen Glauben an Christus, diese Neu-Schöpfung weiterzutragen. Die Werke voranbringen, die aus diesem Glauben hervorgehen. Das Wichtigste ist der Glaube, aber die Frucht dieses Glaubens sind die Werke: Tut diese Werke, um geheiligt zu werden. Das ist es: Die erste Heiligung, die Christus vollbracht hat, die erste Heiligung, die wir in der Taufe erhalten haben, muss wachsen, sie muss weitergehen.

Wenn du dich daran gewöhnst, ein Leben zu führen, das so lala ist, und sagst: »Ich glaube an Jesus Christus, aber ich lebe nach meinem Gutdünken«, (dann) heiligt dich das nicht, das geht nicht, das wäre ein Widersinn …

Zuerst den Glaubensakt. Bevor wir Jesus Christus, der uns mit seinem Blut neu erschaffen hat, angenommen haben, befanden wir uns auf dem Weg der Sünde. Nachher sind wir auf dem Weg der Heiligung, aber wir müssen sie ernst nehmen … Wenn wir den Glauben annehmen und ihn dann nicht auch leben, dann sind wir bloß Christen, aber nur aus Erinnerung: Ja, ja, ich bin getauft worden, das ist der Glaube der Taufe, aber ich lebe so, wie es eben geht. (So) dient unser Christentum niemandem, (sondern wird zur) Heuchelei: Ich bezeichne mich als einen Christen, lebe aber wie ein Heide. Manchmal sagen wir: Christen, die auf halbem Wege stehen bleiben … Es ist ein bisschen wie das, was unsere Mütter als Rosenwasser-Christen zu bezeichnen pflegten: ein bisschen so la la, ein bisschen christliche Lackierung, ein wenig katechetischen Lack, innen aber gibt es keine wahre Umkehr, das ist nicht die Überzeugung, die Paulus vertritt: »Seinetwegen habe ich alles aufgegeben und halte es für Unrat, um Christus zu gewinnen und in ihm zu sein.«

(Das sollte) die Leidenschaft eines jeden Christen sein: Alles aufgeben, was uns von Christus, dem Herrn, entfernt; alles aufgeben, was uns vom Akt des Glaubens an ihn entfernt, vom Glaubensakt an die Neu-Schöpfung durch sein Blut. Und alles neu machen. Alles ist neu in Christus. Alles ist neu … Vielleicht lautet die Frage, die wir uns heute stellen können, folgendermaßen: Will ich mein Christ-Sein ernsthaft leben? Glaube ich, dass ich durch Christi Blut neu geschaffen wurde, und will ich diese Neu-Schöpfung voranbringen bis an den Tag, an dem man das neue Jerusalem, die neue Schöpfung sehen wird? Oder bleibe ich auf halbem Wege stehen?

(Predigt in der Frühmesse, 24.10.2013)

➤ Will ich mein Christsein ernsthaft leben?

Liebe Brüder, das Glaubensbekenntnis, das wir nun gemeinsam erneuern wollen, ist kein formaler Akt, sondern es besteht darin, unsere Antwort auf das »Folge mir nach« zu erneuern, mit dem das Johannesevangelium schließt (21,19): Es führt dahin, das eigene Leben dem Plan Gottes gemäß einzusetzen, indem man sich ganz Jesus, dem Herrn, zur Verfügung stellt. Daraus entspringt jene Unterscheidung der Geister, die die Gedanken, Erwartungen und Nöte der Menschen unserer Zeit kennt und auf sich nimmt.

(Credo-Feier mit italienischen Bischöfen, 23.5.2013)

Ich glaube an Gott

Er begleitet uns und lehrt uns beten. So soll unser Gebet sein: in der Dreifaltigkeit. Oft hört man die Frage: »Glauben Sie?« »Ja, ja!« »Und an was glauben Sie?« »An Gott!« »Aber was ist Gott für Sie?« »Gott ist Gott!« Aber Gott existiert doch gar nicht – seien Sie jetzt nicht geschockt! So ein Gott existiert nicht. Es gibt den Vater, den Sohn und den Heiligen Geist: Das sind Personen und keine abstrakten Ideen. Diesen Spray-Gott gibt es nicht! Es gibt nur Personen. Jesus ist der Weggefährte, der uns das gibt, um was wir bitten. Der Vater sorgt für uns und liebt uns, und der Heilige Geist ist das Geschenk, das wir vom Vater bekommen und das unser Gewissen nicht zu erhoffen wagt.

(Predigt in der Frühmesse, 9.10.2014)

➤ Zum Weiterdenken: »Gott existiert nicht. So ein Gott existiert nicht ...« Schockiert mich der Satz etwas? Wie konkret ist eigentlich mein Gottesbild?

Es gibt de facto die Versuchung, Gott in der Vergangenheit zu suchen oder in den Zukunftsmöglichkeiten. Gott ist gewiss in der Vergangenheit, denn man findet ihn in den Abdrücken, die er hinterlassen hat. Er ist auch in der Zukunft, als Versprechen. Aber der – sagen wir – *konkrete Gott* ist heute. Daher hilft das Jammern nie, nie, um Gott zu finden. Die Klage darüber, wie barbarisch die Welt heute sei, will manchmal nur verstecken, dass man in der Kirche den Wunsch nach einer rein bewahrenden Ordnung, nach Verteidigung hat. Nein – Gott begegnet man im Heute.

Gott zeigt sich in einer geschichtsgebundenen Offenbarung, in der Zeit ... Gott offenbart sich in der Zeit und ist gegenwärtig in den Prozessen der Geschichte. Das erlaubt, Handlungen zu priorisieren, die neue Dynamiken hervorrufen. Es verlangt auch Geduld und Warten.

Die Begegnung mit Gott in allen Dingen ist kein empirisches *Heureka*. Wenn wir Gott begegnen wollen, wollen wir ihn – im Grunde – sofort mit empirischen Methoden feststellen. So begegnet man Gott nicht. Man findet ihn eher wie Elija im sanften, leisen Säuseln. Die Sinne, die Gott wahrnehmen, sind diejenigen, die Ignatius »spirituelle Sinne« nennt. Ignatius verlangt, die geistliche Sensibilität zu öffnen, um Gott zu begegnen – jenseits einer rein empirischen Annäherung. Nötig ist eine kontemplative Haltung: Es ist das Gefühl, dass man auf dem rechten Weg des Verstehens und der Zuneigung gegenüber Dingen und Situationen geht. Das Zeichen dafür, dass man auf dem rechten Weg ist, ist das Zeichen tiefen Friedens, des geistlichen Trostes, der Liebe zu Gott und allen Dingen in Gott.

(Interview mit Jesuitenzeitschriften, veröffentlicht am 19.9.2013)

Das Buch Ijob ist eine fortwährende Diskussion über die Definition Gottes. Vier Weise arbeiten diese theologische Suche aus, und alles endet mit einem Ausspruch von Ijob: »Vom Hörensagen nur hatte ich von dir vernommen, jetzt aber hat mein Auge dich geschaut.« Am Ende hat Ijob ein anderes Bild von Gott als zu Beginn. Diese Erzählung will besagen, dass die Auffassung dieser vier Theologen nicht wahr ist, weil man Gott kontinuierlich immer sucht und findet. Und es entsteht dieses Paradox: Man sucht ihn, um ihn zu finden, und weil man ihn findet, sucht man ihn.

(Aus: Über Himmel und Erde: Jorge Bergoglio im Gespräch mit dem Rabbiner Abraham Skorka – Das persönliche Credo des neuen Papstes, Riemann Verlag, © Verlagsgruppe Random House, Berlin 2013, S. 30)

... den Vater

Einer der biblischen Lieblingstexte des Papstes ist das Gleichnis Jesu vom verlorenen Sohn im Lukasevangelium (15,11–32). Franziskus ist an dem Text aufgefallen, »dass der Vater den Sohn schon von Weitem kommen sieht, weil er auf ihn wartete und jeden Tag auf die Terrasse ging, um zu sehen, ob der Sohn zurückkam« (Predigt in der Frühmesse, 28.3.2014). Das bedeutet, dass der Vater auf die Rückkehr seines Sohnes wartete und nach ihm Ausschau hielt. So ist Gott, der Vater, sagt Papst Franziskus: »der Gott, der uns immer erwartet«.

Das ist das Herz unseres Vaters, so ist Gott: Er wird nicht müde, er wird nicht müde! Und so viele Jahrhunderte hindurch hat er so gehandelt, trotz so vieler Auflehnung des Volkes. Er kommt immer zurück, denn unser Gott ist ein Gott, der wartet. Von diesem Nachmittag im irdischen Paradies an hat Adam das Paradies mit einer Strafe, aber auch einer Verheißung verlassen. Und Er ist treu, der Herr ist seiner Verheißung treu, weil er sich nicht selbst verleugnen kann. Er ist treu. Und so hat er uns alle erwartet, die Geschichte hindurch. Er ist der Gott, der uns erwartet, immer.

Das ist unser Vater: der Gott, der auf uns wartet. Immer. »Aber Padre, ich habe so viel gesündigt – ich weiß nicht, ob er zufrieden sein wird.« Na dann versuch' es doch wenigstens! Wenn du die Zärtlichkeit dieses Vaters erleben willst, geh zu ihm und versuch's, und dann erzähl mir davon! Der Gott, der auf uns wartet. Gott, der wartet, und auch Gott, der vergibt. Er ist der Gott der Barmherzigkeit: Er wird nicht müde, zu vergeben. Wir sind es, die müde werden, um Vergebung zu bitten, aber er wird nicht müde ... Aus einem unternehmerischen Blickwinkel ist die Firmenbilanz negativ, das ist wahr. Er verliert immer: Er verliert immer, unter dem Strich verliert er. Aber er gewinnt in der Liebe, weil Er – das kann man sagen – der Erste ist, der das Gebot der Liebe erfüllt: Er liebt, er kann nicht anders!

Wie der Vater des verlorenen Sohns wird auch Gott ein Fest feiern (wenn wir zu ihm zurückkehren). Das Leben jedes Menschen, jedes einzelnen Mannes, jeder Frau, die den Mut haben, sich dem Herrn zu nähern, wird die Freude von Gottes Fest finden. Möge uns dieses Wort dabei helfen, an unseren Vater zu denken: einen Vater, der uns immer erwartet, der uns immer vergibt, und der ein Fest feiert, wenn wir zurückkommen!

(Predigt in der Frühmesse, 28.3.2014)

(Der flüchtende König) David sagte: »Mein Sohn Absalom! Mein Sohn, mein Sohn Absalom! Wäre ich doch an deiner Stelle ums Leben gekommen, Absalom, mein Sohn, mein Sohn! Das ist das Herz eines Vaters, der seinen Sohn nie verleugnet. »Er ist ein Räuber. Er ist ein Feind. Aber er ist mein Sohn!« Und er verleugnet nicht die Vaterschaft: Er weinte ... Das lässt uns an das Allererste denken, das wir über Gott sagen, im Credo: »Ich glaube an Gott, den Vater ...« Das lässt uns an die Vaterschaft Gottes denken. Aber Gott ist so. Gott ist so mit uns. »Obwohl, Pater – Gott weint doch nicht.« Wie denn nicht! Denken wir an Jesus, als er beim Anblick Jerusalems weinte. »Jerusalem, Jerusalem! Wie oft wollte ich deine Kinder sammeln, so wie eine Henne die Küken unter ihren Flügeln sammelt.« Gott weint! Jesus hat um uns geweint! Und dieses Weinen Jesus ist das Abbild des Weinens des Vaters, der uns alle bei ihm will.

Gehen wir heute mit diesen zwei Ikonen nach Hause: David, der weint, und der Synagogenvorsteher, der sich Jesus zu Füßen wirft, ohne die Angst davor, peinlich zu wirken und die anderen zum Lachen zu bringen. In beiden Fällen ging es um ihre Kinder: um den Sohn und um die Tochter. Und mit diesen beiden Ikonen sagen wir: »Ich glaube an Gott, den Vater ...« Und wir bitten den Heiligen Geist, ... dass er uns lehre, zu sagen: »Abbà, Vater!« Es ist eine Gnade! Zu Gott aus ganzem Herzen »Vater« sagen zu können, ist eine Gnade des Heiligen Geistes.

(Predigt in der Frühmesse, 4.2.2014)

Die treue Liebe Gottes zu seinem Volk wurde in ganzer Fülle offenbart und verwirklicht in Jesus Christus, der sich – um die Bindung Gottes an sein Volk zu ehren – zu unserem Sklaven gemacht, seiner Herrlichkeit entäußert hat und wie ein Sklave geworden ist. In seiner Liebe hat er angesichts unserer Undankbarkeit nicht aufgegeben, und nicht einmal angesichts unserer Zurückweisung. Das ruft uns der heilige Paulus in Erinnerung: »Wenn wir untreu sind, bleibt er – Jesus – doch treu, denn er kann sich selbst nicht verleugnen« (2 Tim 2,13). Jesus bleibt treu, er verrät uns niemals: auch wenn wir einen

Fehler gemacht haben. Er wartet immer auf uns, um uns zu vergeben: Er ist das Antlitz des barmherzigen Vaters.

Diese Liebe, diese Treue des Herrn offenbart die Demut seines Herzens: Jesus ist nicht gekommen, um die Menschen zu erobern wie die Könige und die Mächtigen dieser Welt, sondern er ist gekommen, um mit Güte und Demut Liebe zu bringen. So hat er sich selbst bezeichnet: »Lernt von mir; denn ich bin gütig und von Herzen demütig« (Mt 11,29). Und der Sinn des Hochfestes vom Heiligsten Herzen Jesu ... besteht darin, die demütige Treue und die Güte der Liebe Christi, Offenbarung der Barmherzigkeit des Vaters, immer mehr zu entdecken und uns in sie hinein nehmen zu lassen. Wir können die Zärtlichkeit dieser Liebe in jedem Abschnitt des Lebens erfahren und kosten: in der Zeit der Freude und in der Zeit der Trauer, in der Zeit der Gesundheit und in der Zeit des Leidens und der Krankheit. Die Treue Gottes lehrt uns, das Leben als Ereignis seiner Liebe anzunehmen, und lässt uns diese Liebe den Brüdern bezeugen, in einem demütigen und gütigen Dienst.

(Vorbereitete Predigt in der Gemelli-Klinik, 27.6.2014)

Denken wir an den dunklen Moment zurück, in dem das erste Verbrechen der Menschheit begangen wurde, als Kain, blind vor Neid, seinen Bruder Abel erschlug (vgl. Gen 4,8). So war der Lauf der Jahrhunderte gezeichnet von Gewalt, Krieg, Hass und Unterdrückung. Gott aber, der auf den Menschen seine Erwartungen setzte – er hatte ihn ja als sein Abbild und ihm ähnlich erschaffen –, er wartete. Gott wartete. Er hat so lange gewartet, dass er an einem bestimmten Punkt eigentlich hätte aufgeben müssen. Aber er konnte nicht aufgeben, er konnte sich selbst nicht verleugnen (vgl. 2 Tim 2,13). Deshalb hat er geduldig weiter gewartet angesichts der Korruption von Menschen und Völkern. Die Geduld Gottes. Wie schwer ist das zu begreifen: Gottes Geduld mit uns!

(Predigt in der Christmette, 24.12.2014)

Den Weg der Geschichte hindurch offenbart uns das Licht, welches das Dunkel durchbricht, dass Gott ein Vater ist und dass seine geduldige Treue stärker ist als die Finsternis und die Korruption ... Gott kennt keinen Wutanfall und keine Ungeduld. Er ist immer da, wie der Vater im Gleichnis vom verlorenen Sohn, in der Erwartung, von weitem die Rückkehr des Sohnes zu erkennen – und das Tag für Tag, in Geduld. Die Geduld Gottes ...

(Predigt in der Christmette, 24.12.2014)

In der Annahme des Geschenks des Glaubens wird der Gläubige in eine neue Schöpfung verwandelt. Er empfängt ein neues Sein, ein Sein als Kind Gottes, er wird Sohn im Sohn. »Abba, Vater« ist der Ausruf, der die Erfahrung Jesu am besten kennzeichnet und der zur Mitte christlicher Erfahrung wird (vgl. Röm 8,15). Das Leben im Glauben heißt, insofern es Gotteskindschaft ist, das ursprüngliche und tiefgreifende Geschenk anerkennen, auf dem das menschliche Leben beruht ...

(Enzyklika Lumen Fidei, 29.6.2013, Nr. 19)

... den Allmächtigen

Von der Allmacht Gottes spricht Franziskus kaum einmal – oft aber von Gottes Vorliebe für das Kleine, das Geringe. In seiner jesuitisch geschulten Spiritualität zeigt sich die Größe Gottes gerade im Kleinen: Er »ist in den großen Dingen, aber auch in den ganz kleinen Dingen, in unseren winzig kleinen Dingen« (Predigt in der Frühmesse, 8.9.2014). Es ist bezeichnend, wie Franziskus Gottes Allmacht gleich mit seiner Treue, seiner Bindung an sein gläubiges Volk, zusammendenkt.

Unsere Kultur hat die Wahrnehmung dieser konkreten Gegenwart Gottes, seines Handelns in der Welt, verloren. Wir meinen, Gott befinde sich nur jenseits, auf einer anderen Ebene der Wirklichkeit, getrennt von unseren konkreten Beziehungen. Wenn es aber so wäre, wenn Gott unfähig wäre, in der Welt zu handeln, wäre seine Liebe nicht wirklich mächtig, nicht wirklich real, und wäre folglich nicht einmal eine wahre Liebe, die das Glück zu vollbringen vermag, das sie verspricht. Dann wäre es völlig gleichgültig, ob man an ihn glaubt oder nicht. Die Christen bekennen dagegen die konkrete und mächtige Liebe Gottes, der wirklich in der Geschichte handelt und ihr endgültiges Los bestimmt – eine Liebe, der man begegnen kann, die sich im Leiden und Sterben und in der Auferstehung Christi vollends offenbart hat.

(Enzyklika Lumen Fidei, 29.6.2013, Nr. 17)

»Der Herr hat euch ins Herz geschlossen und ausgewählt« (Dtn 7,7). Gott hat uns ins Herz geschlossen, er hat uns ausgewählt, und diese Verbindung hat für immer Bestand –

nicht so sehr weil wir treu sind, sondern weil der Herr treu ist und unsere Untreue, unsere Trägheit, unser Fallen erträgt. Gott hat keine Angst, sich zu binden. Das mag uns seltsam erscheinen: Manchmal nennen wir Gott den »Absoluten«, was wörtlich »losgelöst, unabhängig, grenzenlos« bedeutet. In Wirklichkeit jedoch ist unser Vater immer nur in der Liebe »absolut«: Aus Liebe schließt er einen Bund mit Abraham, mit Isaak, mit Jakob und so weiter. Er liebt Bindungen, er schafft Bindungen; Bindungen, die befreien, nicht einengen.

(Vorbereitete Predigt an der Gemelli-Klinik, 27.6.2014)

Welches ist *das Geheimnis, in dem Gott sich verbirgt?* Wo kann ich ihm begegnen? Wir sehen um uns Kriege, Ausbeutung von Kindern, Folterungen, Waffenhandel, Menschenhandel ... In all diesen Wirklichkeiten, in all diesen geringsten Brüdern und Schwestern, die aufgrund dieser Situationen leiden, ist Jesus da (vgl. Mt 25,40–45). Die Krippe (von Betlehem) führt uns einen Weg vor Augen, der anders ist als der, den die weltliche Mentalität sich erträumt: Es ist der Weg der *Erniedrigung Gottes,* jene Demut der Liebe Gottes, die sich klein macht und erniedrigt, seine in der Krippe von Betlehem, im Kreuz auf Golgota und im leidenden Mitmenschen verborgene Herrlichkeit.

(Predigt, 6.1.2015)

... den Schöpfer des Himmels und der Erde

(Wenn wir das Buch Genesis lesen,) besteht die Gefahr, zu denken, dass Gott ein Zauberer wäre ... mit Zauberstab ... Aber so war es nicht – Gott hat die Dinge geschaffen und hat sie dann weitergehen lassen mit ihren inneren Gesetzen, die er einer jeden von ihnen gegeben hatte, damit sie sich entwickeln, damit sie zur Vollendung gelangen mögen ... Er hat den Dingen des Universums Autonomie gegeben, aber keine Unabhängigkeit: Denn Gott ist kein Zauberer, er ist Schöpfer! Aber als am sechsten Tag dieser (Schöpfungs-)Geschichte die Schöpfung des Menschen dran ist, gibt er ihm eine andere, etwas unterschiedliche Autonomie, aber keine Unabhängigkeit: eine Autonomie, die die Freiheit ist. Und er trägt dem Menschen auf, voranzugehen in der Geschichte, er macht ihn zum Verantwortlichen der Schöpfung, auch damit er über die Schöpfung herrsche, damit er sie voranbringe und so zur Vollendung der Zeiten gelangen möge. Und was war die Fülle der Zeiten? Das, was er im Herzen hatte: das Kommen seines Sohnes ... Und das ist der Weg der Menschheit, der Weg des Menschen.

Der Gott der großen Geschichte ist auch in der kleinen Geschichte, dort, weil er mit jedem von uns zusammen auf dem Weg sein will ... Und der Herr, der mit uns geht, ist auch der Herr der Geduld. Die Geduld Gottes. Die Geduld, die er mit all diesen Generationen gehabt hat. Mit all diesen Menschen hat er ihre Geschichte der Gnade und der Sünde erlebt. Gott ist geduldig. Gott geht mit uns, denn er will, dass wir alle dahin kommen, dem Bild seines Sohnes zu entsprechen. Und seit dem Moment, da er uns die Freiheit in der

Schöpfung gegeben hat – nicht die Unabhängigkeit – bis heute geht er weiter (mit uns).

(Predigt in der Frühmesse, 8.9.2014)

Ihr beschäftigt euch mit dem äußerst komplexen Thema der Entwicklung des Naturbegriffs. Keinesfalls werde ich – ihr werdet es gut verstehen – auf die wissenschaftliche Komplexität dieser wichtigen und entscheidenden Frage eingehen. Ich möchte jedoch unterstreichen, dass Gott und Christus mit uns gehen und dass sie auch in der Natur präsent sind, wie der Apostel Paulus in seiner Rede auf dem Areopag verkündete: »Denn in ihm leben wir, bewegen wir uns und sind wir« (Apg 17,28). Wenn wir im Buch Genesis den Schöpfungsbericht lesen, so riskieren wir, uns vorzustellen, Gott sei ein Magier gewesen mit einem Zauberstab, der alle Dinge verwirklichen kann. Dem ist nicht so. Er hat die Wesen erschaffen, und er hat sie entwickeln lassen gemäß den inneren Gesetzen, die er jedem gegeben hat, damit sie sich weiterformen und ihre eigene Fülle erreichen. Er hat den Wesen des Universums die Unabhängigkeit gegeben und hat sie gleichzeitig seiner fortwährenden Präsenz versichert, indem er jeder Realität das Sein gegeben hat. Auf diese Weise dauerte die Schöpfung Jahrhundert um Jahrhundert, Jahrtausend um Jahrtausend fort, bis sie zu der geworden ist, wie wir sie heute kennen, eben weil Gott weder ein Demiurg noch ein Magier ist, sondern der Schöpfer, der allen Dinge das Sein verleiht. Der Anfang der Welt ist nicht das Werk des Chaos, das seinen Ursprung einem anderen verdankt, nein, es entstammt direkt einem Obersten Prinzip, das die Dinge aus Liebe schafft. Der »Big-Bang«, der Urknall, den man heute an den Anfang der Welt setzt, steht nicht in Widerspruch zum göttlichen Schöpfungsplan, er verlangt nach ihm. Die Evolution in der Natur steht nicht im Kontrast zum Begriff Schöpfung, denn die Evolution setzt die Erschaffung der Wesen voraus, die sich entwickeln.

Was jedoch den Menschen angeht, so gibt es eine Änderung und eine Neuheit. Als am sechsten Tag in der Erzählung der Genesis die Erschaffung des Menschen kommt, gibt Gott dem menschlichen Wesen eine andere Art von Autonomie, eine Autonomie, die sich von jener der Natur unterscheidet: es ist die Freiheit. Er sagt dem Menschen, allen Dingen den Namen zu geben und im Lauf der Geschichte voranzugehen. Er überträgt ihm die Verantwortung für die Schöpfung, damit er über sie herrscht und sie weiterentwickelt bis ans Ende der Zeiten. Deshalb entspricht das Verhalten des Wissenschaftlers, und insbesondere des christlichen Wissenschaftlers, der Tatsache, dass er sich über die Zukunft der Menschheit und der Erde Gedanken macht, und als freier und verantwortlicher Mensch einen Beitrag leistet, die Erde zu bearbeiten und zu behüten und die sowohl auf den Menschen als auch auf die Natur bezogenen Risiken beseitigt.

Gleichzeitig muss der Wissenschaftler von dem Vertrauen bewegt sein, das die Natur in ihren evolutiven Mechanismen Potentialitäten birgt, die von der Intelligenz und der Freiheit entdeckt und verwirklicht werden müssen, um zu jenem Fortschritt zu gelangen, der im Schöpferplan vorgesehen ist. Somit hat der Mensch mit seinem – wenn auch beschränkten– Handeln an der Macht Gottes Anteil und ist in der Lage eine Welt aufzubauen, die seinem zweifachen Leben, dem leiblichen und dem geistlichen, entspricht.

Eine Welt aufzubauen für alle Menschen und nicht für eine bestimmte Gruppe oder eine bevorzugte Klasse. Diese Hoffnung und dieses Vertrauen auf Gott, Autor der Natur, und die Fähigkeit des menschlichen Geistes, bewirken es, dem Forscher eine neue Energie und eine tiefe innere Ruhe zu geben. Es ist aber auch wahr, dass das menschliche Handeln, wenn seine Freiheit zur Autonomie wird – die keine Freiheit ist, sondern eben Autonomie –, die Schöpfung zerstört und der Mensch an die Stelle des Schöpfers tritt. Und das ist die schwere Sünde gegen Gott, den Schöpfer.
(*An die Päpstliche Akademie der Wissenschaften, 27.10.2014*)

Schon mit der Wahl seines Papstnamens Franziskus hat Bergoglio sich zur Bewahrung der Schöpfung bekannt. Denn zu den bekanntesten Werken des heiligen Franz von Assisi gehört sein »Sonnengesang«, eine der ersten Dichtungen in italienischer Volkssprache überhaupt.

Franziskus beginnt seinen Sonnengesang so: »Höchster, allmächtiger, guter Herr ... gelobt seist du ... mit allen deinen Geschöpfen« ... Die Liebe zur gesamten Schöpfung, zu ihrer Harmonie. Der Heilige von Assisi bezeugt *die Achtung gegenüber allem, was Gott erschaffen hat* – und wie *Er* es erschaffen hat –, ohne mit der Schöpfung zu experimentieren, um sie zu zerstören: ihr helfen, sich zu entwickeln und immer schöner zu werden, immer mehr dem zu entsprechen, wie Gott sie geschaffen hat. Und vor allem bezeugt der heilige Franziskus die umfassende Achtung gegenüber dem Menschen, dass der Mensch berufen ist, den Menschen zu schützen, dass der Mensch im Zentrum der Schöpfung steht, an dem Ort, wo

Gott, der Schöpfer, ihn wollte, und nicht Werkzeug der Götzen sei, die wir selber schaffen! Harmonie und Frieden: Franziskus war ein Mensch der Harmonie und des Friedens. Von dieser »Stadt des Friedens« aus wiederhole ich mit der Kraft und der Sanftheit der Liebe: Achten wir die Schöpfung, seien wir nicht Werkzeuge der Zerstörung! Achten wir jeden Menschen: Mögen die bewaffneten Konflikte, die die Erde mit Blut durchtränken, aufhören, mögen die Waffen schweigen und überall der Hass der Liebe weichen, die Beleidigung der Vergebung und die Zwietracht der Einheit!

(Predigt in Assisi, 4.10.2013)

Im Ausschnitt aus der Predigt von Assisi fällt auf, wie Papst Franziskus den Ruf nach Frieden mit der Schöpfungsgeschichte verbindet. Noch ausführlicher tat er dies bei einem Friedensgebet auf dem Petersplatz in Rom.

»Gott sah, dass es gut war« (Gen 1,12.18.21.25). Der biblische Bericht vom Beginn der Geschichte der Welt und der Menschheit erzählt uns von Gott, der gleichsam betrachtend auf die Schöpfung blickt, und wiederholt: Es ist gut. Das, liebe Brüder und Schwestern, eröffnet uns den Zugang zum Herzen Gottes, und gerade aus dem Innern Gottes empfangen wir seine Botschaft.

Wir können uns fragen: Welche Bedeutung hat diese Botschaft? Was sagt diese Botschaft mir, dir, uns allen?

Sie sagt uns einfach, dass diese unsere Welt im Herzen und im Sinn Gottes das »Haus der Harmonie und des Friedens« ist und der Ort, an dem alle ihren Platz finden und sich »daheim« fühlen können, denn sie ist »gut«. Die gesamte Schöpfung bildet ein harmonisches, gutes Ganzes, aber vor allem die Menschen, die als Abbild Gottes und ihm ähnlich erschaffen sind, bilden eine einzige Familie, in der die Beziehungen von einer wirklichen, nicht nur in Worten erklärten Brüderlichkeit geprägt sind: Der andere, die andere sind der Bruder und die Schwester, denen Liebe gebührt, und die Beziehung zu Gott, der Liebe, Treue und Güte ist, wirkt sich auf die Beziehungen zwischen den Menschen aus und trägt Harmonie in die gesamte Schöpfung. Die Welt Gottes ist eine Welt, in der sich jeder für den anderen, für das Wohl des anderen, verantwortlich fühlt.

Heute Abend wollen wir – jeder einzelne von uns und wir alle – in unserer Überlegung, im Fasten und im Gebet uns zuinnerst fragen: Ist das nicht eigentlich die Welt, die ich mir wünsche? Ist das nicht die Welt, die wir alle im Herzen tragen? Ist die Welt, die wir wollen, nicht eine Welt der Harmonie und des Friedens in uns selbst – in den Beziehungen zu den anderen, in den Familien, in den Städten, *innerhalb* und *zwischen* den Nationen? Und ist die wirkliche Freiheit in der Wahl der einzuschlagenden Wege in dieser Welt nicht die, welche sich am Wohl aller orientiert und von der Liebe geleitet ist?

Doch fragen wir uns nun: Ist das die Welt, in der wir leben? Die Schöpfung behält ihre Schönheit, die uns mit Staunen erfüllt, sie bleibt ein gutes Werk. Doch es gibt auch »Gewalt, Spaltung, Auseinandersetzung und Krieg«. Das geschieht, wenn der Mensch, die Krone der Schöpfung, den Horizont der Schönheit und der Güte aus dem Auge verliert und sich in seinem Egoismus verschließt.

Wenn der Mensch nur an sich selber denkt, an die eigenen Interessen, und sich in den Mittelpunkt stellt, wenn er sich von den Götzen der Herrschaft und der Macht betören lässt, wenn er sich an die Stelle Gottes setzt, dann zerstört er alle Beziehungen, richtet er alles zugrunde und öffnet der Gewalt, der Gleichgültigkeit und dem Konflikt Tor und Tür. Genau das will der Abschnitt aus dem Buch Genesis, in dem der Sündenfall des Menschen geschildert wird, uns begreifen lassen: Der Mensch gerät in Konflikt mit sich selbst, bemerkt, dass er nackt ist, und versteckt sich, weil er Angst hat (vgl. Gen 3,10) – Angst vor dem Blick Gottes. Er beschuldigt die Frau, die doch Fleisch von seinem Fleisch ist (vgl. V. 12); er zerbricht die Harmonie mit der Schöpfung und erhebt schließlich die Hand gegen seinen Bruder, um ihn zu töten. Können wir das als einen Übergang von der Harmonie zur »Disharmonie« bezeichnen? Können wir das sagen, dass man von der Harmonie zur Disharmonie übergeht? Nein, es gibt keine »Disharmonie«: Entweder herrscht Harmonie oder man fällt ins Chaos, wo Gewalt, Streit, Auseinandersetzung und Angst herrschen ...

Genau in diesem Chaos richtet nun Gott an das Gewissen des Menschen die Frage: »Wo ist dein Bruder Abel?« Und Kain antwortet: »Ich weiß es nicht. Bin ich der Hüter meines Bruders?« (4,9). Auch an uns ist diese Frage gerichtet, und auch uns wird es gut tun, uns zu fragen: Bin ich der Hüter meines Bruders? – Ja, du bist der Hüter deines Bruders! Menschsein bedeutet, einander Hüter zu sein! Wenn dagegen die Harmonie auseinanderbricht, geschieht eine Metamorphose: Der Bruder, der gehütet und geliebt werden soll, wird zum Gegner, der bekämpft und beseitigt werden muss. Wie viel Gewalt geht von jenem Moment aus, wie viele Konflikte, wie viele Kriege haben unsere Geschichte geprägt! Es reicht, wenn man das Leiden so vieler Brüder und Schwestern sieht. Da geht es nicht um etwas Situationsbedingtes, sondern die Wahrheit ist diese: In jedem Gewaltakt, in jedem Krieg lassen wir Kain wieder aufleben. Wir alle!

(Friedensgebet für den Nahen Osten auf dem Petersplatz, 25.9.2013)

➤ »Kain, wo ist dein Bruder?« Gottes erste Frage nach der Paradieserzählung im Buch Genesis des Alten Testaments. Auch Gottes erste Frage überhaupt, die die Bibel aufführt, ist ähnlich gelagert: »Adam, wo bist du?«, ruft er ihn unmittelbar nach dem Sündenfall (vgl. Gen 3,9).

Gott verbindet seine Verheißung mit dem Punkt, an dem das Leben des Menschen sich von alters her hoffnungsvoll zeigt: mit der Elternschaft, dem Werden eines neuen Lebens – »Deine Frau Sara wird dir einen Sohn gebären, und du sollst ihn Isaak nennen« (Gen 17,19). Der Gott, der von Abraham verlangt, sich ihm völlig anzuvertrauen, erweist sich als die Quelle, aus der alles Leben kommt. Auf diese Weise verbindet sich der Glaube mit der Vaterschaft Gottes, aus der die Schöpfung hervorgeht: Der Gott, der Abraham ruft, ist der Schöpfergott, derjenige, der »das, was nicht ist, ins Dasein ruft« (Röm 4,17), derjenige, der »uns erwählt [hat] vor der Erschaffung der Welt« und uns »dazu bestimmt [hat], seine Söhne zu werden« (Eph 1,4–5). Für Abraham erhellt der Glaube an Gott die tiefsten Wurzeln seines Seins, erlaubt ihm, die Quelle des Guten zu erkennen, die der Ursprung aller Dinge ist, und gibt ihm die Bestätigung, dass sein Leben nicht vom Nichts oder vom Zufall ausgeht, sondern auf eine persönliche Berufung und Liebe zurückzuführen ist. Der geheimnisvolle Gott, der ihn gerufen hat, ist nicht ein fremder Gott, sondern derjenige, der Ursprung von allem ist und alles erhält. Die große Glaubensprüfung Abrahams, das Opfer seines Sohnes Isaak, zeigt dann, bis zu welchem Punkt diese ursprüngliche Liebe fähig ist, für das Leben auch über den Tod hinaus zu bürgen. Das Wort, das imstande war, in seinem »erstorbenen« Leib und dem ebenso »erstorbenen« Mutterschoß der unfruchtbaren Sara einen Sohn hervorzubringen (vgl. Röm 4,19), wird auch imstande sein, jenseits aller Bedrohung oder Gefahr für die Verheißung einer Zukunft zu bürgen (vgl. Hebr 11,19; Röm 4,21).

(Enzyklika Lumen Fidei, 29.6.2013, Nr. 11)

(Die) Verteidigung des ungeborenen Lebens (ist) eng mit der Verteidigung jedes beliebigen Menschenrechtes verbunden. Sie setzt die Überzeugung voraus, dass ein menschliches Wesen immer etwas Heiliges und Unantastbares ist, in jeder Situation und jeder Phase seiner Entwicklung. Es trägt seine Daseinsberechtigung in sich selbst und ist nie ein Mittel, um andere Schwierigkeiten zu lösen. Wenn diese Überzeugung hinfällig wird, bleiben keine festen und dauerhaften Grundlagen für die Verteidigung der Menschenrechte; diese wären dann immer den zufälligen Nützlichkeiten der jeweiligen Machthaber unterworfen. Dieser Grund allein genügt, um den unantastbaren Wert eines jeden Menschenlebens anzuerkennen. Wenn wir es aber auch vom Glauben her betrachten, dann schreit jede Verletzung der Menschenwürde vor dem Angesicht Gottes nach Rache und ist Beleidigung des Schöpfers des Menschen.

(Apostolisches Schreiben Evangelii Gaudium, 24.11.2013, Nr. 213)

und an Jesus Christus, seinen eingeborenen Sohn, unseren Herrn

Als Jesuit in der Schule der »Geistlichen Übungen (Exerzitien)« des heiligen Ignatius hat Papst Franziskus sich häufig in inneren Betrachtungen ins Evangelium hineinversetzt: Gehe ich murrend hinter Jesus her oder höre ich ihm zu? Werde ich ungeduldig mit seiner Geduld, bilde ich mir etwas darauf ein, sein Jünger zu sein? Sein Buch »Offener Geist und gläubiges Herz« (Freiburg 2013) beginnt mit dem Kapitel »Die Begegnung mit Jesus«; darin hat er viele Bibelstellen über Menschen, die Jesus begegnen, zusammengetragen und analysiert sie. »Jede Begegnung mit Jesus ist ein Ruf, ein großer oder auch ein kleiner, aber immer ein Ruf« (S. 19). Nicht über Jesus zu reden oder ihn als »Herr« anzurufen, sondern ihm zu begegnen, ist aus der Sicht des Papstes das Entscheidende. »Zuweilen geht der Herr ganz dicht an uns vorbei, und wir sehen ihn nicht oder erkennen ihn nicht, gerade weil wir ihn so gut zu kennen glauben« (S. 20).

Ein Heiliger sagte: »Ich habe Angst, dass der Herr kommt.« Wisst ihr, warum er Angst hatte? Angst davor, es nicht zu bemerken und sein Kommen zu verpassen. Wenn wir in unserem Herzen spüren: »Ich möchte besser sein … Mich reut, was ich getan habe …« Es ist der Herr, der anklopft. Er lässt dich das spüren: das Verlangen, besser zu sein, das Verlangen, näher bei den anderen, bei Gott zu sein. Wenn du das spürst, dann halte ein. Da ist der Herr! Und geh beten, und vielleicht zur Beichte, um ein wenig »sauberzumachen« …: Das tut gut. Doch denk daran: Wenn du dieses Verlangen verspürst, besser zu werden, ist er es, der anklopft: Lass ihn nicht vorbeigehen!

(Angelus, 21.12.2014)

Überraschend genug: In kaum einem anderen Text hat sich Papst Franziskus so eingehend mit dem sogenannten historischen Jesus auseinandergesetzt wie in seinem Brief an den (nichtglaubenden) Journalisten und Publizisten Eugenio Scalfari. Er geht vom Markusevangelium aus und hakt bei der Frage von Zeitgenossen Jesu nach dessen »Vollmacht« ein, um von da auf sein Glaubensverständnis von Jesus zu kommen. Das Verfahren ist ähnlich wie das, was Joseph Ratzinger / Benedikt XVI. in seinem zweiten Buch über Jesus von Nazareth anwendet: Auch Franziskus' Vorgänger fragt zunächst, vom Jesusbuch des jüdischen Rabbiners Jakob Neusner ausgehend, wie der Nazarener auf gläubige Juden seiner Zeit gewirkt hat.

Interessant in diesem Text ist außerdem, wie deutlich Papst Franziskus seine Jesusbeziehung mit der Kirche in Verbindung bringt. Und seine Antwort auf die Frage nach der Originalität des christlichen Glaubens ist im besten Wortsinn selbst originell.

Für mich ist der Glaube aus der Begegnung mit Jesus hervorgegangen. Eine persönliche Begegnung, die mein Herz berührt und meinem Leben eine Richtung und einen neuen Sinn gegeben hat. Doch zugleich eine Begegnung, die durch die Glaubensgemeinschaft ermöglicht wurde, in der ich lebte und dank derer ich den Zugang gefunden habe zum Verständnis der Heiligen Schrift und zu dem neuen Leben, das durch die Sakramente wie sprudelndes Wasser aus Jesus entspringt, zur Brüderlichkeit mit allen und zum Dienst an den

und an Jesus Christus,

Armen, dem wahren Bild des Herrn. Ohne die Kirche – glauben Sie mir – hätte ich Jesus nicht begegnen können, auch wenn ich mir bewusst bin, dass jenes unermessliche Geschenk des Glaubens in den zerbrechlichen irdenen Gefäßen unseres Menschseins gehütet wird ...

Man muss sich mit Jesus in der spröden Konkretheit seiner Geschichte auseinandersetzen, so wie sie uns vor allem von dem ältesten der Evangelien, dem des Markus, erzählt wird. Dann stellt man fest, dass der »Anstoß«, den das Wort und das Handeln Jesu in seiner Umgebung erregen, von seiner außerordentlichen »Vollmacht« herrühren – ein Wort, das vom Markusevangelium an bezeugt, jedoch nicht leicht zu übersetzen ist. Das griechische Wort dafür ist »exousia« und verweist wörtlich genommen auf das, was »vom Sein ausgeht«, was man ist. Es handelt sich also nicht um etwas Äußeres oder etwas Erzwungenes, sondern um etwas, das von innen her ausstrahlt und sich von selbst durchsetzt. Tatsächlich beeindruckt, verwirrt und erneuert Jesus – wie er selber sagt – von seiner Beziehung zu Gott her, den er vertrauensvoll *Abba* [Vater] nennt und der ihm diese »Vollmacht« verleiht, damit er sie zum Wohl der Menschen verwende.

So predigt Jesus »wie einer, der Vollmacht hat«, heilt, ruft die Jünger, ihm zu folgen, vergibt Sünden – alles Dinge, die im Alten Testament Gott und nur Gott zustehen. Die Frage, die im Markusevangelium mehrmals vorkommt: »Was ist das für ein Mensch, dass ...?« und die die Identität Jesu betrifft, wird durch die Feststellung einer Vollmacht hervorgerufen, die anders ist als die der Welt – eine Vollmacht, die nicht darauf ausgerichtet ist, über die anderen Macht auszuüben, sondern ihnen zu dienen, ihnen Freiheit und Leben

seinen eingeborenen Sohn, unseren Herrn

in Fülle zu geben. Und das bis zu dem Punkt, das eigene Leben aufs Spiel zu setzen, Unverständnis, Verrat, Ablehnung zu erfahren, zum Tod verurteilt zu werden, bis dahin, in der Verlassenheit am Kreuz zu versinken. Doch Jesus bleibt Gott treu bis zum Ende.

Und gerade da geschieht es – wie im Markusevangelium der römische Hauptmann unter dem Kreuz ausruft –, dass Jesus sich paradoxerweise als Sohn Gottes erweist! Der Sohn eines Gottes, der Liebe ist und mit seinem ganzen Selbst will, dass der Mensch – jeder Mensch – sich ebenfalls als sein wahres Kind entdeckt und so lebt. Das findet für den christlichen Glauben seine Bestätigung darin, dass Jesus auferstanden ist: nicht, um den Triumph über die, die ihn abgelehnt haben, davonzutragen, sondern um zu beweisen, dass die Liebe Gottes stärker ist als der Tod, dass die Vergebung Gottes stärker ist als jede Sünde und dass es sich lohnt, das eigene Leben bis zum Letzten einzusetzen, um diese unermessliche Gabe zu bezeugen ...

Im selben Leitartikel vom 7. Juli fragen Sie mich ferner nach der Originalität des christlichen Glaubens, insofern dieser sich auf die Inkarnation des Sohnes Gottes stützt, im Vergleich zu anderen Glaubensbekenntnissen, die dagegen die absolute Transzendenz Gottes betonen.

Ich würde sagen, die Originalität liegt genau darin, dass uns der Glaube in Jesus an seiner Beziehung mit Gott als *Abba* teilhaben lässt und im Lichte dessen an der Beziehung, die er im Zeichen der Liebe mit allen anderen Menschen hat, einschließlich der Feinde. Anders gesagt, die Sohnschaft Jesu, so wie sie uns der christliche Glaube vorstellt, ist nicht offenbart, um eine unüberwindliche Trennung zwischen Jesus und den anderen zu ziehen, sondern um uns zu sagen, dass in ihm wir alle dazu aufgerufen sind, Kinder des einen Vaters und untereinander Brüder und Schwestern zu sein. Die Einzigartigkeit Jesu dient der Kommunikation, nicht dem Ausschluss.

(Brief an den Journalisten Eugenio Scalfari, 11.9.2013)

(Jesus lobt den Vater), weil er die göttlichen Dinge »den Weisen verborgen, den Kleinen aber offenbart hat« ... (Gott will zum Menschen also) eine Papa-Kind-Beziehung (aufbauen) ... Das ist die Zärtlichkeit des Herrn, in seiner Liebe; das ist es, was er uns vermittelt und was unserer Zärtlichkeit Kraft verleiht. Aber wenn wir uns stark fühlen, werden wir nie die Erfahrung der Liebkosung des Herrn haben, dieser schönen, schönen Liebkosungen durch den Herrn. »Fürchte dich nicht, ich bin mit dir, ich nehme dich bei der Hand ...« Das alles sind Worte des Herrn, die uns diese geheimnisvolle Liebe, die er zu uns hegt, verstehen lassen. Und wenn Jesus von sich selbst spricht, sagt er: »Ich bin gütig und von Herzen demütig.« Auch er, der Sohn Gottes, macht sich klein, um die Liebe des Vaters zu empfangen.

(Predigt in der Frühmesse, 27.6.2014)

Liebe Brüder, in Christus betrachten wir die Treue Gottes. Jede Geste, jedes Wort Jesu lässt die barmherzige und treue Liebe des Vaters durchscheinen. Vor ihm fragen wir uns also: Wie ist es um meine Nächstenliebe bestellt? Kann ich treu sein? Oder bin ich unbeständig, folge ich meinen Launen und meinen Vorlieben? Jeder von uns kann im eigenen Gewissen antworten. Vor allem aber können wir zum Herrn sagen: Herr Jesus, mach mein Herz deinem Herzen immer ähnlicher, erfülle es mit Liebe und Treue.

(Vorbereitete Predigt in der Gemelli-Klinik, 27.6.2014)

Jesus ist der Mittelpunkt (unseres Lebens): Jesus ist der Herr ... Wenn Jesus nicht im Mittelpunkt steht, dann sind da andere Dinge ... Dann treffen wir viele Christen ohne Christus, ohne Jesus, zum Beispiel diejenigen, die die Pharisäer-Krankheit haben. Christen, die ihren Glauben, ihre Religiosität in viele Gebote stecken: viele. »Ach, ich muss dies tun und dann das tun und dann jenes tun ...« Christen des guten Benehmens. »Aber warum machst du das?« – »Nein, das muss man tun!« – »Aber warum?« – »Ach, ich weiß nicht, man muss es eben.« Und wo ist da Jesus? Ein Gebot ist gültig, wenn es von Jesus kommt: Ich tue dies, weil der Herr will, dass ich es tue. Aber wenn ich ein Christ ohne Christus bin, tue ich das und weiß noch nicht einmal, warum ich es tun soll.

»Aber Pater, welche Regel gibt es denn, um ein Christ mit Christus zu sein und nicht ein Christ ohne Christus zu werden? Und was ist das Zeichen dafür, dass ein Mensch ein Christ mit Christus ist?« Die Regel ist einfach: Gültig ist nur das, was dich zu Jesus führt, und gültig ist nur das, was von Jesus kommt. Jesus ist der Mittelpunkt, der Herr, wie er selbst sagt. Was bringt dich zu Jesus? Dann geh vorwärts. Kommt dieses Gebot, diese Haltung von Jesus? Dann geh vorwärts. Aber wenn es dich nicht zu Jesus führt und nicht von Jesus kommt – naja. Man weiß es nicht. Es ist ein bisschen gefährlich.

Was ist das Zeichen dafür, dass ich ein Christ mit Christus bin? ... Wenn es dir nicht gelingt, Jesus anzubeten, dann fehlt dir etwas. Eine Regel, ein Zeichen. Die Regel heißt: Ich bin ein guter Christ, auf dem Weg eines guten Christen, wenn ich tue, was von Jesus kommt, und tue, was mich zu Jesus bringt, denn Er ist der Mittelpunkt. Das Zeichen ist: Ich bin zur Anbetung imstande. Anbetung. Dieses Gebet der Anbetung vor Jesus. Der Herr lasse uns begreifen, dass nur Er der Herr ist, der einzige Herr. Und er gebe uns auch die Gnade, Ihn zu lieben, Ihm zu folgen, auf der Straße zu gehen, die er uns gezeigt hat.

(Predigt in der Frühmesse, 7.9.2013)

Er (Paulus) selbst sagt: »Ich rühme mich nur meiner Sünden«. Schockierend, dieser Satz. Und an anderer Stelle sagt er dann: »Ich rühme mich nur Christi und dieses Kreuzes«. Die Kraft des Wortes Gottes liegt in dieser Begegnung zwischen meinen Sünden und dem Blut Christi, das mich rettet. Und wenn es diese Begegnung nicht gibt, dann gibt es keine Kraft im Herzen. Wenn diese Begegnung, die wir im Leben gehabt haben, vergessen wird, werden wir weltlich, dann wollen wir von den Dingen Gottes mit menschlichen Begriffen sprechen, und das nützt zu nichts, es gibt kein Leben.

Der privilegierte Ort für die Begegnung mit Jesus Christus sind die eigenen Sünden. Wenn ein Christ nicht imstande ist, sich wirklich als Sünder und als durch das Blut Christi gerettet zu fühlen – (durch) dieses Kreuz –, dann ist er ein Christ auf halbem Weg, ein lauer Christ. Und wenn wir Kirchen, wenn wir Pfarreien, Institutionen im Niedergang sehen, dann haben sicher die Christen, die dort sind, nie Jesus Christus getroffen, oder sie haben diese Begegnung mit Jesus Christus vergessen. Die Kraft des christlichen Lebens und die Kraft des Wortes Gottes liegt in diesem Moment, wo ich, der

Sünder, Jesus Christus begegne, und diese Begegnung verändert radikal das Leben, sie verändert das Leben ... Und sie gibt dir die Kraft, um den anderen das Heil zu verkünden.
(Predigt in der Frühmesse, 4.9.2014)

Wir können uns fragen, worin unsere Identität als Christen besteht? Paulus sagt es ... gut: »Von diesen Dingen reden wir nicht mit Worten, die uns die menschliche Weisheit nahelegt.« Die Predigt des Paulus hat nichts damit zu tun, dass er etwa an der Lateran- oder der Gregoriana-Universität (in Rom) einen Kurs gemacht hätte – nein, nein, nein! Menschliche Weisheit, nein! Sondern inspiriert vom Heiligen Geist: Paulus predigte mit der Salbung des Geistes ... Nun haben wir das Denken Christi, das heißt den Geist Christi. Das ist die christliche Identität. Nicht den Geist der Welt, diese Art und Weise des Denkens, des Beurteilens haben ... Du kannst fünf Doktortitel in Theologie haben, aber nicht den Geist Gottes! Vielleicht magst du ein großer Theologe sein, aber du bist kein Christ, weil du nicht den Geist Gottes hast! Das, was Autorität verleiht, das was dir Identität gibt, ist der Heilige Geist – die Salbung des Heiligen Geistes.

Die Vollmacht Jesu – und die Vollmacht des Christen – kommt von dieser Fähigkeit, die Dinge des Geistes zu verstehen, die Sprache des Geistes zu sprechen. Sie kommt von dieser Salbung des Heiligen Geistes. Und viele, viele Male finden wir unter unseren Gläubigen einfache, alte Frauen, die vielleicht die Grundschule nicht abgeschlossen haben, aber die dir diese Dinge besser erklären als ein Theologe, weil sie den Geist Christi haben ... Und darum müssen wir alle bitten. Herr, gib uns die christliche Identität, die, die du hattest.

und an Jesus Christus,

Gib uns deinen Geist. Gib uns deine Art und Weise zu denken, zu fühlen, zu sprechen, das heißt: Herr, gib uns die Salbung durch den Heiligen Geist.
(Predigt in der Frühmesse, 2.9.2014)

Jesus wendet sich an uns und fragt uns: Aber wer bin ich für dich? (Er bekommt) dieselbe Antwort, wie Petrus sie gegeben hat – die, die wir im Katechismus gelernt haben ... (Doch) es scheint, als ob wir für die Antwort auf diese Frage, die wir alle im Herzen gehört haben – Wer ist Jesus für uns? – das, was wir gelernt, im Katechismus studiert haben, nicht ausreicht. Es ist wichtig, das zu studieren und zu kennen, aber es reicht nicht. Um Jesus zu kennen, ist es nötig, den Weg zurückzulegen, den Petrus gegangen ist: Nach dieser Demütigung (Jesus hatte ihm kurz nach seinem Messiasbekenntnis in anderem Zusammenhang gesagt: »Weiche von mir, Satan!«) ist Petrus weiter mit Jesus gegangen, hat die Wunder gesehen, die Jesus gewirkt hat, hat seine Macht gesehen, hat auch die Steuer bezahlt, wie Jesus es ihm gesagt hatte ... Aber an einem gewissen Punkt hat Petrus Jesus verleugnet, hat Jesus verraten, und hat dabei diese so außerordentlich schwierige Wissenschaft der Tränen, des Weinens gelernt. Mehr als eine Wissenschaft: Weisheit.

Diese erste Frage an Petrus – Wer bin ich für euch, für dich? – versteht man nur unterwegs, nach einer langen Wegstrecke, einem Weg der Gnade und der Sünde, einem Weg der Jüngerschaft. Jesus hat zu Petrus und seinen Aposteln nicht gesagt: »Lerne mich kennen!«, sondern er hat gesagt: »Folge mir nach!« Und diese Nachfolge Jesu lässt uns ihn kennenlernen. Jesus folgen mit unseren Tugenden, auch mit unseren

seinen eingeborenen Sohn, unseren Herrn

Sünden, aber immer Jesus folgen. Das ist kein Studium, das man dazu braucht, sondern es ist ein Leben als Jünger... (Wir brauchen dazu) eine tägliche Begegnung mit dem Herrn, jeden Tag, mit unseren Siegen und unseren Schwächen... (Aber es ist auch) ein Weg, den wir nicht allein gehen können... Jesus kennenzulernen ist ein Geschenk des Vaters: Er ist es, der dafür sorgt, dass wir ihn kennenlernen. Es ist ein Werk des Heiligen Geistes, der ein großer Arbeiter ist. Er ist kein Gewerkschafter, er ist ein großer Arbeiter und wirkt immer in uns. Er leistet dieses Werk, uns das Geheimnis Jesu zu erklären und uns diesen Christus-Sinn zu geben. Schauen wir auf Jesus, Petrus, die Apostel, und hören wir in unserem Herzen diese Frage: »Wer bin ich für dich?« Und bitten wir den Vater als Jünger, dass er uns Christus im Heiligen Geist kennen lasse, dass er uns dieses Geheimnis erkläre.

(Predigt in der Frühmesse, 20.2.2014)

➤ Zum Weiterdenken: »Aber wer bin ich für dich?«

Der Glaube blickt nicht nur auf Jesus, sondern er blickt vom Gesichtspunkt Jesu aus, sieht mit seinen Augen: Er ist eine Teilhabe an seiner Sichtweise... Das Leben Christi, seine Weise, den Vater zu kennen, völlig in der Beziehung zu ihm zu leben, öffnet der menschlichen Erfahrung einen neuen Raum... Damit wir ihn kennen und aufnehmen und ihm folgen können, hat der Sohn Gottes unser Fleisch angenommen, und so hat er den Vater auch auf menschliche Weise gesehen, über einen Werdegang und einen Weg in der Zeit. Der christliche Glaube ist Glaube an die Inkarnation des Wortes und an die Auferstehung des Fleisches; es ist der

Glaube an einen Gott, der uns so nahe geworden ist, dass er in unsere Geschichte eingetreten ist.

Der Glaube an den in Jesus Mensch gewordenen Sohn Gottes trennt uns nicht von der Wirklichkeit, sondern erlaubt uns, ihren tieferen Grund zu erfassen und zu entdecken, wie sehr Gott diese Welt liebt und sie unaufhörlich auf sich hin ausrichtet. Und dies führt den Christen dazu, sich darum zu bemühen, den Weg auf Erden in noch intensiverer Weise zu leben.

(Enzyklika Lumen Fidei, 29.6.2013, Nr. 18)

➤ »Der Glaube blickt nicht nur auf Jesus, sondern er blickt vom Gesichtspunkt Jesu aus, sieht mit seinen Augen«: eine interessante Blickumkehr. Wer kommt ins Bild, wenn ich mit Jesu Augen auf die Welt schaue?

Nur so, durch die Inkarnation, durch das Teilen unseres Menschseins konnte die der Liebe eigene Erkenntnis zur Fülle gelangen ... Mit seiner Inkarnation, mit seinem Kommen in unsere Mitte hat Jesus uns berührt, und durch die Sakramente berührt er uns auch heute. Auf diese Weise, indem er unser Herz verwandelte, hat er uns ermöglicht und ermöglicht er uns weiterhin, ihn als Sohn Gottes zu erkennen und zu bekennen. Mit dem Glauben können wir ihn berühren ...

(Enzyklika Lumen Fidei, 29.6.2013, Nr. 31)

... empfangen durch den Heiligen Geist

Papst Franziskus spricht diesen Glaubenssatz auf ganz selbstverständliche Weise an. Hier ergibt sich ein Berührungspunkt mit seiner oft geäußerten Überzeugung, dass Gott ein »Gott der Überraschungen« ist und dass es nicht auf unser Tun, Machen, Organisieren ankommt, sondern darauf, dass wir Gottes Überraschungen zulassen – wie Maria das tat. Vom heiligen Josef wiederum, dem Mann Mariens, spricht Franziskus mit bewegenden Worten; in seiner Predigt bei der Amtseinführung zeichnete er ihn als »Hüter«.

Wie lebt Josef seine Berufung als Hüter von Maria, Jesus und der Kirche? In der ständigen Aufmerksamkeit gegenüber Gott, offen für dessen Zeichen, verfügbar für dessen Plan, dem er den eigenen unterordnet ... Josef ist »Hüter«, weil er auf Gott zu hören versteht, sich von seinem Willen leiten lässt ... An ihm sehen wir, liebe Freunde, wie man auf den Ruf Gottes antwortet: verfügbar und unverzüglich; aber wir sehen auch, welches die Mitte der christlichen Berufung ist: Christus!

(Predigt, 19.3.2013)

Die Jungfrau Maria lehrt uns, was es heißt, im Heiligen Geist zu leben, und was es bedeutet, die Neuheit Gottes in unserem Leben anzunehmen. Sie hat Jesus durch das Wirken des Heiligen Geistes empfangen, und jeder Christ, jeder von uns, ist dazu berufen, das Wort Gottes aufzunehmen, Jesus in sich aufzunehmen und ihn dann zu allen zu bringen ... Maria helfe euch, auf das zu achten, was der Herr von euch will, und immer dem Heiligen Geist gemäß zu leben und euren Weg zu gehen!

(Mittagsgebet, 28.4.2013)

Sich von Gott überraschen lassen. Wer ein Mann, eine Frau der Hoffnung ist – der großen Hoffnung, die uns der Glaube schenkt –, weiß, dass Gott auch inmitten der Schwierigkeiten handelt und uns überrascht ... Gott setzt immer in Erstaunen, wie der neue Wein im Evangelium, das wir gehört haben. Gott hält immer das Beste für uns bereit. Aber er verlangt, dass wir uns von seiner Liebe überraschen lassen, dass wir seine Überraschungen annehmen. Vertrauen wir auf Gott!

(Predigt in Aparecida/Brasilien, 24.6.2013)

Wirklich: Gott überrascht uns. Gerade in der Armut, in der Schwachheit, in der Niedrigkeit zeigt er sich und schenkt uns seine Liebe, die uns rettet, uns heilt und uns Kraft verleiht. Er erwartet von uns nur, dass wir seinem Wort folgen und ihm vertrauen. Das ist auch die Erfahrung der Jungfrau Maria: Angesichts der Verkündigung des Engels verbirgt sie nicht ihre Verwunderung. Es ist das Erstaunen, zu sehen, dass Gott, um Mensch zu werden, ausgerechnet sie erwählt hat, ein einfaches Mädchen aus Nazaret, das nicht in den Palästen der Macht und des Reichtums wohnt, das keine außerordentlichen Heldentaten vollbracht hat, das aber offen ist für Gott und fähig, ihm zu vertrauen, auch wenn sie nicht alles versteht: »Ich bin die Magd des Herrn; mir geschehe, wie du es gesagt hast« (Lk 1,38). Das ist ihre Antwort. Gott überrascht uns immer, bricht unsere festen Vorstellungen auf, versetzt uns in eine Krise und sagt uns: Vertrau' auf mich, hab' keine Angst, lass dich überraschen, gehe aus dir selbst heraus und folge mir!

Heute wollen wir alle uns fragen, ob wir Angst haben vor dem, was Gott von uns verlangen könnte, oder vor dem, was er von uns verlangt. Lasse ich mich von Gott überraschen wie Maria, oder verschließe ich mich in meinen Sicherheiten, in materiellen Sicherheiten, in geistigen Sicherheiten, in ideologischen Sicherheiten, in Sicherheiten meiner Pläne? Lasse ich Gott wirklich in mein Leben eintreten? Wie antworte ich ihm? ...

Schauen wir auf Maria: Das Erste, was sie nach der Verkündigung vollbringt, ist eine Tat der Nächstenliebe gegenüber ihrer alten Verwandten Elisabet; und die ersten Worte, die sie spricht, sind: »Meine Seele preist die Größe des Herrn«, d. h. ein Lob- und Dankgesang an Gott, nicht nur für das, was er in ihr gewirkt hat, sondern für sein Handeln in der gesamten Heilsgeschichte. Alles ist sein Geschenk. Wenn wir verstehen können, dass alles Geschenk Gottes ist, welche Freude ist dann in unserem Herzen! Alles ist sein Geschenk. Er ist unsere Stärke!

(Predigt, 13.10.2013)

Alles ist unentgeltliches Geschenk Gottes, alles ist Gnade, alles ist Geschenk seiner Liebe zu uns. Der Engel Gabriel nennt Maria »die Begnadete« (Lk 1,28): In ihr ist kein Raum für die Sünde, da sie Gott von jeher als Mutter Jesu erwählt und vor der Erbsünde bewahrt hat. Und Maria entspricht der Gnade und überlässt sich ihr, indem sie zum Engel sagt: »Mir geschehe, wie du es gesagt hast« (V. 38). Sie sagt nicht: »Ich werde nach deinem Wort handeln.« Nein! Sondern: »Mir geschehe ...« Und das Wort ist in ihrem Schoß Fleisch geworden. Auch wir sind aufgefordert, auf Gott zu hören, der zu uns spricht, und seinen Willen anzunehmen; der Logik des Evangeliums entsprechend ist nichts wirksamer und fruchtbarer als das Hören auf das Wort des Herrn, das aus dem Evangelium, aus der Bibel kommt, und es anzunehmen. Der Herr spricht immer zu uns!

Die Haltung Marias von Nazaret zeigt uns, dass das *Sein* vor dem *Tun* kommt, und dass es notwendig ist, Gott *handeln zu lassen*, um wirklich zu *sein*, wie er uns will. Er ist es, der in uns so viele Wunder wirkt. Maria ist aufnehmend, nicht passiv. Wie sie auf leiblicher Ebene die Macht der Heiligen Geistes empfängt, dann aber dem Sohn Gottes, der sich in ihr bildet, Fleisch und Blut schenkt, so empfängt sie auf der geistlichen Ebene die Gnade und entspricht ihr mit dem Glauben. Daher sagt der heilige Augustinus, dass die Jungfrau »Christus im Herzen empfangen hat, bevor sie ihn im Leib empfing« (*Sermo* 215,4). Sie hat zuerst den Glauben empfangen und dann den Herrn. Dieses Geheimnis der Annahme der Gnade, die in Maria durch ein einzigartiges Privileg nicht von der Sünde behindert wurde, ist eine Möglichkeit für alle ...

Angesichts der Liebe, der Barmherzigkeit, der in unsere Herzen ausgegossenen göttlichen Gnade drängt sich nur eine Konsequenz auf: die *Unentgeltlichkeit*. Keiner von uns kann das Heil kaufen! Das Heil ist ein unentgeltliches Geschenk des Herrn, ein unentgeltliches Geschenk Gottes, der zu uns kommt und in uns wohnt. Wie wir umsonst empfangen haben, so sind wir auch aufgerufen, umsonst zu geben (vgl. Mt 10,8), Maria nachahmend, die sofort, nachdem sie die

Verkündigung des Engels angenommen hat, hingeht, um das Geschenk der Fruchtbarkeit mit ihrer Verwandten Elisabet zu teilen. Denn: Wenn alles geschenkt worden ist, muss alles zurückgeschenkt werden. Wie? Indem man es zulässt, dass der Heilige Geist aus uns ein Geschenk für die anderen macht. Der Geist ist ein Geschenk für uns und wir müssen mit der Kraft des Geistes Geschenk für die anderen sein und es zulassen, dass der Heilige Geist uns zu Werkzeugen der Aufnahme, zu Werkzeugen der Aussöhnung, zu Werkzeugen der Vergebung werden lässt.

(Angelus, 8.12.2014)

➤ Lasse ich Gott handeln, oder will ich alles selbst machen?

... geboren von der Jungfrau Maria

Der christliche Glaube besagt, dass Jesus der Sohn Gottes ist, der gekommen ist, um sein Leben hinzugeben und dadurch allen den Weg der Liebe zu eröffnen. Darum haben Sie, sehr geehrter Herr Dr. Scalfari, recht, wenn Sie in der Inkarnation des Gottessohnes den Angelpunkt des christlichen Glaubens sehen. Schon Tertullian schrieb: »*Caro cardo salutis*«, das Fleisch (Christi) ist der Angelpunkt des Heils. Denn die Inkarnation, d. h. die Tatsache, dass der Sohn Gottes in unser Fleisch gekommen ist und Freuden und Leiden, Siege und Niederlagen unseres Lebens bis zum Schrei am Kreuz mit uns geteilt hat, indem er alles in der Liebe und der Treue zum *Abba* durchlebte, bezeugt die unglaubliche Liebe, die Gott zu jedem Menschen hat, und den unschätzbaren

Wert, den er ihm zuerkennt. Darum ist jeder von uns dazu berufen, sich den liebenden Blick und die Entscheidung Jesu für die Liebe zu eigen zu machen, seine Weise zu sein, zu denken und zu handeln.

(*Brief an den Journalisten Eugenio Scalfari, 11.9.2013*)

Franziskus wäre nicht Franziskus, wenn er an Jesu Geburt nicht immer wieder hervorheben würde, dass der Gottessohn gerade im Unscheinbaren, in Armut und an der Peripherie der Welt, ins Leben tritt. Davon erzählen die folgenden Texte. In seiner Predigt in Betlehem betont der Papst, dass das göttliche Zeichen an die Hirten gerade nicht in einer Machtdemonstration besteht, sondern darin, dass sie ein wehrloses, kleines Kind finden.

Die Menschwerdung des Sohnes Gottes eröffnet einen Neubeginn in der Universalgeschichte des Mannes und der Frau. Und dieser Neubeginn findet im Schoße einer Familie statt, in Nazaret. Jesus wurde in diese Familie hineingeboren. Er hätte auf spektakuläre Weise kommen können oder als Krieger, als Kaiser … Nein, nein: Er kommt als Sohn einer Familie, in eine Familie. Das ist wichtig: in der Krippe diese wunderschöne Szene zu betrachten. Gott wollte in einer menschlichen Familie geboren werden, die er selbst gebildet hat. Er hat sie in einem entlegenen Dorf am Rande des Römischen Reiches gebildet. Nicht in Rom, der Hauptstadt des Reiches, nicht in einer großen Stadt, sondern in einem fast unsichtbaren, ja sogar ziemlich verrufenen Randgebiet. Daran erinnern auch die Evangelien, es ist fast wie eine Redensart: »Aus Nazaret? Kann von dort etwas Gutes kommen?« (Joh 1,46). Vielleicht reden wir selbst in vielen Teilen der Welt noch so, wenn wir den Namen irgendeines Randgebietes einer großen Stadt hören. Und dennoch: Gerade dort, am Rande des großen Reiches, hat die heiligste und beste Geschichte begonnen, die Geschichte Jesu unter den Menschen!

(Generalaudienz, 17.12.2014)

»Die Gnade Gottes ist erschienen, um alle Menschen zu retten« (Tit 2,11). Die Gnade, die in der Welt erschienen ist, ist Jesus, geboren von der Jungfrau Maria, wahrer Mensch und wahrer Gott. Er ist in unsere Geschichte eingetreten, hat den Weg mit uns geteilt. Er ist gekommen, um uns von der Dunkelheit zu befreien und uns das Licht zu schenken. In ihm ist die Gnade, die Barmherzigkeit, die Zärtlichkeit des Vaters erschienen: Jesus ist die Mensch gewordene Liebe. Er ist nicht nur ein Lehrer der Weisheit, er ist nicht ein Ideal, dem wir zustreben und von dem wir uns hoffnungslos weit entfernt wissen, er ist der Sinn des Lebens und der Geschichte, der sein Zelt mitten unter uns aufgeschlagen hat.

Die Hirten waren die Ersten, die dieses »Zelt« sahen, die die Verkündigung von der Geburt Jesu empfingen. Sie waren die Ersten, weil sie zu den Letzten, den Ausgegrenzten gehörten. Und sie waren die Ersten, weil sie in der Nacht wachsam waren und über ihre Herde wachten. Es ist ein Gesetz des Pilgers, wachsam zu sein, und sie waren es. Mit ihnen bleiben wir vor dem Kind stehen, halten wir schweigend inne. Mit ihnen danken wir dem Herrn, dass er uns Jesus geschenkt hat, und mit ihnen lassen wir aus der Tiefe unseres Herzens das Lob für seine Treue aufsteigen: Wir preisen dich, Herr, höchster Gott, der du dich für uns erniedrigt hast. Du bist unermesslich groß und bist klein geworden; du bist reich und bist arm geworden; du bist allmächtig und bist ein schwacher Mensch geworden.

(Predigt in der Christmette, 24.12.2013)

»Das soll euch als Zeichen dienen: Ihr werdet ein Kind finden, das, in Windeln gewickelt, in einer Krippe liegt« (Lk 2,12) ... Das in Betlehem geborene Jesuskind ist *das Zeichen*, das Gott denen gegeben hat, die das Heil erwarteten, und es bleibt für immer das Zeichen der Zärtlichkeit Gottes und seiner Gegenwart in der Welt. Der Engel sagt zu den Hirten: »Das soll euch als Zeichen dienen: Ihr werdet ein Kind finden ...«

Gott wiederholt heute auch für uns Männer und Frauen des 21. Jahrhunderts: »Das soll euch als Zeichen dienen«, sucht das Kind ... Das Kind von Betlehem ist zart wie alle Neugeborenen. Es kann nicht sprechen, und doch ist es das Wort, das Fleisch geworden und gekommen ist, um das Herz und das Leben der Menschen zu verändern. Jenes Kind ist wie alle Kinder schwach und bedarf der Hilfe und des Schutzes. Auch heute haben es die Kinder nötig, angenommen und geschützt zu werden – vom Mutterschoß an ...

Und wir fragen uns: Wer sind wir vor dem Kind Jesus? Wer sind wir vor den Kindern von heute? Sind wir wie Maria und Josef, die Jesus aufnehmen und sich mit mütterlicher und väterlicher Liebe um ihn kümmern? Oder sind wir wie Herodes, der ihn beseitigen will? Sind wir wie die Hirten, die eilends gehen, die niederknien, um ihn anzubeten, und ihre bescheidenen Gaben darbringen? Oder sind wir gleichgültig? Sind wir etwa Phrasendrescher oder Frömmler, Menschen, welche die Bilder der armen Kinder zu Gewinnzwecken ausnutzen? Sind wir fähig, bei ihnen zu sein, »Zeit zu verlieren« mit ihnen? Verstehen wir es, ihnen zuzuhören, sie zu behüten, für sie und mit ihnen zu beten? Oder vernachlässigen wir sie, um uns mit unseren Geschäften zu befassen? ...

O Maria, Mutter Jesu, die du ihn aufgenommen hast, lehre uns aufnehmen; die du ihn angebetet hast, lehre uns anbeten; die du ihm nachgefolgt bist, lehre uns nachfolgen. Amen.

(Predigt in Betlehem/Palästina, 25.5.2014)

Wir in Gott und Gott in uns: Das ist das christliche Leben. Nicht im Geist der Welt bleiben, nicht in der Oberflächlichkeit bleiben, nicht in der Götzenanbetung bleiben, nicht in der Eitelkeit bleiben. Nein, nein – im Herrn bleiben. Und er erwidert das: Er bleibt in uns. Aber zuerst bleibt er in uns. So viele Male verjagen wir ihn, und wir können nicht in ihm bleiben. Es ist der Geist, der bleibt.

Das Kriterium, dass wir in Gott bleiben und Gott in uns, und das Kriterium der christlichen Konkretheit ist stets dasselbe: Das Wort ist Fleisch geworden. (Das Kriterium ist der Glaube an die) Menschwerdung des Wortes, an Gott, der Mensch geworden ist ... Ohne diese Grundlage gibt es kein wahres Christentum. Der Schlüssel zum christlichen Leben ist der Glaube an Jesus Christus, das Wort Gottes, das Mensch geworden ist.

Seht mal, die Liebe, von der der Apostel Johannes spricht, ist nicht die Liebe der Telenovelas! Nein, es ist etwas anderes. Die christliche Liebe hat immer eine Qualität: die Konkretheit. Die christliche Liebe ist konkret. Jesus selbst spricht von etwas Konkretem, wenn er zu uns von der Liebe spricht: den Hungernden zu essen geben, die Kranken besuchen und so viele andere konkrete Dinge. Die Liebe ist konkret. Die christliche Konkretheit. Und wenn es diese Konkretheit nicht gibt, kann man ein Christentum der Illusionen leben, weil man nicht genau versteht, wo denn jetzt die Mitte der Botschaft Jesu ist. Dieser Liebe gelingt es nicht, konkret zu werden, es ist eine Liebe der Illusionen. Wie ja auch die Jünger sich Illusionen machten, als sie mit Blick auf Jesus (beim Sturm auf dem See) dachten, er wäre ein Geist.

Wenn ich in Jesus bleibe, wenn ich im Herrn bleibe, wenn ich in der Liebe bleibe, was tue ich dann – nicht: was denke, oder was sage ich! – für Gott oder für die anderen Menschen? ... Das erste Kriterium ist also, dass man durch Werke liebt, nicht durch Worte ... Das zweite Kriterium für die Konkretheit ist: In der Liebe ist es wichtiger zu geben als zu nehmen ... (Das einzige) Kriterium für dieses Bleiben (in der Liebe Christi) ist unser Glaube an Jesus Christus, das Mensch gewordene Wort Gottes ...

(Predigt in der Frühmesse, 9.1.2014)

➢ Menschwerdung: die »christliche Konkretheit« ...

Mutter und Sohn waren zusammen, wie sie auf Golgota zusammen waren, denn *Christus und seine Mutter sind nicht voneinander zu trennen:* Zwischen ihnen besteht eine ganz enge Verbindung, wie zwischen jedem Kind und seiner Mutter. Das Fleisch Christi – der Angelpunkt unseres Heils (Tertullian) – wurde in Marias Schoß »gewoben« (vgl. Ps

139,13). Diese Untrennbarkeit kommt auch darin zum Ausdruck, dass Maria, die auserwählt war, die Mutter des Erlösers zu sein, seine gesamte Sendung innerlich mitgetragen hat, indem sie bis zum Ende auf dem Kalvarienberg an der Seite ihres Sohnes blieb.

Maria ist so mit Jesus vereint, weil sie ihn mit dem Herzen und im Glauben kannte – eine Kenntnis, die von der mütterlichen Erfahrung und der innigen Verbindung mit ihrem Sohn gespeist wurde. Die heilige Jungfrau ist die Frau des Glaubens, die Gott in ihrem Herzen, in ihren Plänen Raum gegeben hat; sie ist die Glaubende, die fähig war, in dem Geschenk des Sohnes die Ankunft jener »Fülle der Zeit« (vgl. Gal 4,4) zu erfassen, in der Gott den demütigen Weg des menschlichen Daseins wählte, um persönlich in die Bahn der Heilsgeschichte einzutreten. Darum kann man Jesus nicht ohne seine Mutter verstehen.

(Predigt, 1.1.2015)

➤ Von diesen Worten des Papstes über Maria lässt sich eine Definition des Glaubens ableiten: Glauben heißt »Gott in meinem Herzen, meinen Plänen Raum geben« ...

Als die Engel den Hirten die Geburt des Erlösers verkündeten, sagen sie: »Und das soll euch als Zeichen dienen: Ihr werdet ein Kind finden, das, in Windeln gewickelt, in einer Krippe liegt « (Lk 2,12). Das »Zeichen« ist gerade die Demut Gottes, die bis zum Äußersten getriebene Demut Gottes; es ist die Liebe, mit der er in jener Nacht unsere Schwachheit, unser Leiden, unsere Ängste, unsere Sehnsüchte und unsere Grenzen angenommen hat. Die Botschaft, auf die alle warteten, das, wonach alle tief innerlich suchten, war nichts anderes als die Zärtlichkeit Gottes: Gott, der uns mit einem von Liebe erfüllten Blick anschaut, der unser Elend annimmt, Gott, der in unser Kleinsein verliebt ist.

Wenn wir in dieser Heiligen Nacht das Jesuskind betrachten, wie es gleich nach der Geburt in eine Futterkrippe gelegt wird, sind wir zum Nachdenken eingeladen. Wie nehmen wir die Zärtlichkeit Gottes an? Lasse ich mich von ihm erreichen, lasse ich mich umarmen oder hindere ich ihn daran, mir nahe zu kommen? »Aber ich suche doch den Herrn«, könnten wir einwenden. Das Wichtigste ist allerdings nicht, ihn zu suchen, sondern zuzulassen, dass er mich sucht, dass er mich findet und mich liebevoll streichelt. Das ist die Frage, die das Christuskind uns einzig mit seiner Gegenwart stellt: Lasse ich zu, dass Gott mich lieb hat?

Gehen wir noch einen Schritt weiter: Haben wir den Mut, mit Zärtlichkeit die schwierigen Situationen und die Probleme des Menschen neben uns mitzutragen, oder ziehen wir es vor, sachliche Lösungen zu suchen, die vielleicht effizient sind, aber der Glut des Evangeliums entbehren? Wie sehr braucht doch die Welt von heute Zärtlichkeit! – Geduld Gottes, Nähe Gottes, Zärtlichkeit Gottes.

Die Antwort des Christen kann nicht anders sein als jene, die Gott angesichts unseres Kleinseins gibt. Das Leben muss mit Güte, mit Sanftmut angegangen werden. Wenn wir uns bewusst werden, dass Gott in unser Kleinsein verliebt ist, dass er selbst sich klein macht, um uns besser zu begegnen, können wir nicht anders, als ihm unser Herz zu öffnen und ihn zu bitten: »Herr, hilf mir, wie du zu sein; gib mir die Gnade der Zärtlichkeit in den schwierigsten Lebensumstän-

den; gib mir die Gnade, in jeder Not nahe zu sein, die Gnade
der Sanftheit in welchen Konflikten auch immer.«

(Predigt in der Christmette, 24.12.2014)

➤ Gott: »in unser Kleinsein verliebt«.

... gelitten unter Pontius Pilatus; gekreuzigt, gestorben und begraben

Kein Christentum ohne Kreuz

Seine erste Predigt als Papst überhaupt hielt Franziskus am Morgen nach seiner Wahl vor den Kardinälen; aber anders als bei seinen Vorgängern war sie kein »Regierungsprogramm«, sondern eine frei formulierte Meditation über das Vorwärtsgehen, das Aufbauen der Kirche und das Bekennen des Gekreuzigten. Auffallend: mit welchem Ernst der neue Papst von der zentralen Bedeutung des Kreuzes Christi spricht.

Wir können gehen, wie weit wir wollen, wir können vieles aufbauen, aber wenn wir nicht Jesus Christus bekennen, geht die Sache nicht. Wir werden eine wohltätige NGO, aber nicht die Kirche, die Braut Christi. Wenn man nicht geht, bleibt man da stehen. Wenn man nicht auf Stein aufbaut, was passiert dann? Es geschieht das, was den Kindern am Strand passiert, wenn sie Sandburgen bauen: Alles fällt zusammen, es hat keine Festigkeit. Wenn man Jesus Christus nicht bekennt, da kommt mir das Wort von Léon Bloy in den Sinn: »Wer nicht zum Herrn betet, betet zum Teufel.« Wenn man Jesus

und an Jesus Christus, seinen eingeborenen Sohn, unseren Herrn

Christus nicht bekennt, bekennt man die Weltlichkeit des Teufels, die Weltlichkeit des Bösen.

Gehen, aufbauen/errichten, bekennen. Aber die Sache ist nicht so einfach, denn beim Gehen, beim Aufbauen, beim Bekennen gibt es zuweilen Erschütterungen, Bewegungen, die nicht eigentlich zur Bewegung des Gehens gehören – es sind Bewegungen, die nach hinten ziehen … Derselbe Petrus, der Jesus Christus bekannt hat, sagt zu ihm: Du bist der Christus, der Sohn des lebendigen Gottes. Ich folge dir, aber sprich mir nicht vom Kreuz. Das tut nichts zur Sache. Ich folge dir mit anderen Möglichkeiten, ohne das Kreuz. – Wenn wir ohne das Kreuz gehen, wenn wir ohne das Kreuz aufbauen und Christus ohne Kreuz bekennen, sind wir nicht Jünger des Herrn: Wir sind weltlich, wir sind Bischöfe, Priester, Kardinäle, Päpste, aber nicht Jünger des Herrn.

Ich möchte, dass nach diesen Tagen der Gnade wir alle den Mut haben, wirklich den Mut, in der Gegenwart des Herrn zu gehen mit dem Kreuz des Herrn; die Kirche aufzubauen auf dem Blut des Herrn, das er am Kreuz vergossen hat; und den einzigen Ruhm zu bekennen: Christus den Gekreuzigten. Und so wird die Kirche voranschreiten.

(Erste Predigt als Papst, Sixtinische Kapelle, 14.3.2014)

Der Glaube an Jesus Christus ist kein Scherz, er ist eine sehr ernsthafte Sache. Es ist Anstoß erregend, dass Gott gekommen ist, um einer von uns zu werden. Es ist ein Skandal, dass er am Kreuz gestorben ist. Es ist ein Skandal: der Skandal des Kreuzes. Das Kreuz erregt weiterhin Anstoß. Aber es ist der einzige sichere Weg: der Weg des Kreuzes, der Weg Jesu, der Weg der Menschwerdung Jesu. Bitte »mixt« den

Glauben an Jesus Christus nicht. Es gibt den Orangensaft-Mix, es gibt den Apfelsaft-Mix, es gibt den Bananensaft-Mix, aber bitte trinkt keinen »Glaubens-Mix«. Der Glaube ist ganz, man vermischt ihn nicht. Es ist der Glaube an Jesus. Es ist der Glaube an den Sohn Gottes, der Mensch geworden ist, der mich geliebt hat und für mich gestorben ist.

(An argentinische Jugendliche in Rio de Janeiro/ Brasilien, 25.7.2013)

Angefangen beim ersten Getauften, sind wir alle Kirche. Und wir alle müssen den Weg Jesu gehen, der selbst den Weg ... der Entäußerung gegangen ist. So wurde er zum Knecht, zum Diener; er wollte sich demütigen bis zum Kreuzesopfer. Und wenn wir Christen sein wollen, dann gibt es keinen anderen Weg. Können wir denn kein Christentum machen, das ein bisschen menschlicher ist – sagen die einen –, ohne Kreuz, ohne Jesus ...? Auf diese Weise würden wir »Christen aus der Konditorei« werden; Christen, die wie schöne Torten sind, wie schöne, süße Dinge! Schön zwar, aber doch alles andere als Christen!

(An Arme in Assisi, 4.10.2013)

Es gibt kein Christentum ohne Kreuz ... Es gibt keine Möglichkeit, von allein aus unserer Sünde herauszukommen. Es gibt keine Möglichkeit. Diese Schriftgelehrten, diese Menschen, die das Gesetz unterrichteten, hatten keine klare Vorstellung davon. Sie glauben schon an die Vergebung durch Gott, aber sie fühlten sich stark, selbstgenügsam, sie wussten alles. Und am Ende hatten sie aus der Religion, aus der Anbetung Gottes, eine Kultur mit Werten gemacht, mit Überlegungen, gewissen Benimmregeln, um wohlerzogen zu sein, und sie dachten, der Herr werde schon vergeben, aber das alles war zu weit weg.

Das Christentum ist keine philosophische Lehre, es ist kein Lebensprogramm, um zu überleben, um gut erzogen zu sein, um Frieden zu schließen. Das sind Konsequenzen. Das Christentum ist ein Mensch, ein am Kreuz erhöhter Mensch, ein Mensch, der sich selbst erniedrigte, um uns zu retten – er hat sich zur Sünde gemacht. Und so wie in der Wüste (durch Mose beim Aufrichten der ehernen Schlange) die Sünde erhöht worden ist, so ist hier Gott erhöht worden, Mensch geworden und zur Sünde geworden für uns. Und all unsere Sünden waren dort. Man versteht das Christentum nicht, wenn man nicht diese tiefe Demütigung des Sohnes Gottes versteht, der sich selbst gedemütigt hat, indem er sich zum Sklaven machte bis zum Tod, bis zum Tod am Kreuz, um zu dienen.

Wir rühmen uns des gekreuzigten Christus ... Es gibt kein Christentum ohne Kreuz, und es gibt kein Kreuz ohne Jesus Christus ... (Das Zentrum der Rettung durch Gott) ist sein Sohn, der all unsere Sünden auf sich genommen hat, unseren Hochmut, unsere Sicherheiten, unsere Eitelkeiten, unseren Wunsch, wie Gott zu werden ... Ein Christ, der sich nicht des gekreuzigten Christus zu rühmen weiß, hat nicht verstanden, was es heißt, Christ zu sein ... (Unsere Wunden), die die Sünde uns schlägt, heilen nur durch die Wunden des Herrn, durch die Wunden Gottes, der Mensch wurde, gedemütigt, erniedrigt ... (Das) ist das Geheimnis des Kreuzes: Es ist kein Ornament, das wir immer in die Kirchen stellen müssen, auf den Altar, dahin. Es ist kein Symbol, das uns von den anderen unterscheidet. Das Kreuz ist das Geheimnis, das Geheimnis der Liebe Gottes, der sich selbst erniedrigt, zu nichts wird, zur Sünde wird. Wo ist deine Sünde? »Ich weiß nicht, ich habe so viele.« Nein, deine Sünde ist dort, am Kreuz. Suche sie dort, in den Wunden des Herrn, und deine Sünde wird geheilt werden, deine Wunden werden geheilt werden, deine Sünde wird vergeben werden. Die Vergebung Gottes besteht nicht darin, dass er einen Schuldschein von uns zerreißt: Die Vergebung Gottes sind die Wunden seines Sohnes am Kreuz, am Kreuz erhöht. Möge er uns an sich ziehen, und mögen wir uns heilen lassen!

(Predigt in der Frühmesse, 8.4.2014)

➤ Weiß ich mich »des gekreuzigten Christus zu rühmen«? Was bedeutet mir das Kreuz? Hängt bei mir zu Hause eines? Schaue ich darauf?

Bin ich Judas oder Petrus?

Der folgende Text ist eine typisch jesuitische Gewissenserforschung, wie sie Papst Franziskus mehrmals frei, ohne vorbereiteten Predigttext, formuliert hat: Wo stehe ich in der Passionsgeschichte?

Wir haben die Passion des Herrn gehört. Es wird uns gut tun, wenn wir uns nur eine Frage stellen: Wer bin ich? Wer bin ich vor meinem Herrn? Wer bin ich vor Jesus, der festlich in Jerusalem einzieht? Bin ich fähig, meine Freude auszudrücken, ihn zu loben? Oder gehe ich auf Distanz? Wer bin ich vor dem leidenden Jesus?

Wir haben viele Namen gehört – viele Namen. Die Gruppe der führenden Persönlichkeiten, einige Priester, einige Pharisäer, einige Gesetzeslehrer, die entschieden hatten, ihn zu töten. Sie warteten auf die Gelegenheit, ihn zu fassen. Bin ich wie einer von ihnen?

Auch noch einen anderen Namen haben wir gehört: Judas. Dreißig Silberlinge. Bin ich wie Judas? Weitere Namen haben wir gehört: die Jünger, die nichts verstanden, die einschliefen, während der Herr litt. Ist mein Leben eingeschlafen? Oder bin ich wie die Jünger, die nicht begriffen, was es bedeutet, Jesus zu verraten; wie jener andere Jünger, der alles durch das Schwert lösen wollte: Bin ich wie sie? Bin ich wie Judas, der Liebe heuchelt und den Meister küsst, um ihn auszuliefern, ihn zu verraten? Bin ich – ein Verräter? Bin ich wie jene Vorsteher, die in Eile zu Gericht sitzen und falsche Zeugen suchen: Bin ich wie sie? Und wenn ich so etwas tue – falls ich es tue –, glaube ich, dass ich damit das Volk rette?

Bin ich wie Pilatus? Wenn ich sehe, dass die Situation schwierig ist, wasche ich mir dann die Hände, weiß ich dann meine Verantwortung nicht zu übernehmen und lasse Menschen verurteilen oder verurteile sie selber?

Bin ich wie jene Menschenmenge, die nicht genau wusste, ob sie sich in einer religiösen Versammlung, in einem Gericht oder in einem Zirkus befand, und Barabbas wählte? Für sie ist es gleich: Es war unterhaltsamer, Jesus zu demütigen.

Bin ich wie die Soldaten, die den Herrn schlagen, ihn bespucken, ihn beleidigen, sich mit der Demütigung des Herrn amüsieren?

Bin ich wie Simon von Zyrene, der müde von der Arbeit

kam, aber den guten Willen hatte, dem Herrn zu helfen, das Kreuz zu tragen?

Bin ich wie die, welche am Kreuz vorbeikamen und sich über Jesus lustig machten: »Er war doch so mutig! Er steige vom Kreuz herab, dann werden wir ihm glauben!« Sich über Jesus lustig machen …

Bin ich wie jene mutigen Frauen und wie die Mutter Jesu, die dort waren und schweigend litten?

Bin ich wie Josef, der heimliche Jünger, der den Leib Jesu liebevoll trägt, um ihn zu begraben?

Bin ich wie die beiden Marien, die am Eingang des Grabes verharren, weinend und betend?

Bin ich wie diese Anführer, die am folgenden Tag zu Pilatus gehen, um zu sagen: »Schau, der hat gesagt, er werde auferstehen. Dass nur nicht noch ein Betrug geschieht!«; und die das Leben blockieren, das Grab zusperren, um die Lehre zu verteidigen, damit das Leben nicht herauskommt?

Wo ist mein Herz? Welchem dieser Menschen gleiche ich?

(Predigt am Palmsonntag, 13.4.2014)

»Dann verließ Jesus die Stadt und ging … zum Ölberg; seine Jünger folgten ihm« (Lk 22,39). Als die von Gott festgelegte Stunde gekommen ist, die Menschheit von der Knechtschaft der Sünde zu befreien, zieht Jesus sich hierher, nach Getsemani, an den Fuß des Ölbergs zurück. Wir befinden uns an diesem heiligen Ort, der durch das Gebet Jesu, durch seine Angst, durch sein Blutschwitzen geheiligt ist; geheiligt vor allem durch sein »Ja« zum liebenden Willen des Vaters. Beinahe scheuen wir uns, den Gefühlen nachzuspüren, die Jesus in jener Stunde empfunden hat; gleichsam auf Zehenspitzen treten wir in jenen inneren Ort ein, wo das Drama der Welt entschieden wurde.

In jener Stunde hat Jesus das Bedürfnis gespürt zu beten und seine Jünger, seine Freunde, die ihm gefolgt waren und seine Sendung ganz von nahem geteilt hatten, bei sich zu haben. Doch hier in Getsemani wird die Nachfolge schwieriger und unsicherer; Zweifel, Müdigkeit und Schrecken nehmen überhand. In der sich überstürzenden Abfolge der Passion Jesu nehmen die Jünger unterschiedliche Haltungen gegenüber dem Meister ein: Haltungen der Nähe, der Entfernung, der Unsicherheit …

Erkenne ich mich in denen, die schwach waren und ihn verleugnet haben wie Petrus? … Oder befinde ich mich dank Gottes Gnade unter denen, die treu waren bis zum Ende, wie die Jungfrau Maria und der Apostel Johannes? Als auf Golgota alles dunkel wird und jede Hoffnung erschöpft scheint, ist nur die Liebe stärker als der Tod. Die Liebe drängt die Mutter und den Lieblingsjünger, am Fuß des Kreuzes auszuharren, um Jesu Schmerz bis zur Neige zu teilen … Tun wir es der Jungfrau Maria und dem heiligen Johannes gleich und stehen wir bei den vielen Kreuzen, an denen Jesus noch gekreuzigt ist. Das ist der Weg, auf dem unser Erlöser uns in seine Nachfolge ruft. Einen anderen gibt es nicht, es ist dieser!

(Ansprache in der Todesangst-Christi-Basilika in Jerusalem, 26.5.2014)

Das Kreuz: Gottes Antwort

Ich will nicht viele Worte hinzufügen. In dieser Nacht muss ein einziges Wort verbleiben – das Kreuz. Das Kreuz Jesu ist das Wort, mit dem Gott auf das Böse der Welt geantwortet hat. Manchmal scheint es uns, als antworte Gott nicht auf das Böse, als verharre er im Schweigen. In Wirklichkeit *hat* Gott gesprochen, er hat geantwortet, und seine Antwort ist das Kreuz Christi: ein Wort, das Liebe, Barmherzigkeit und Vergebung ist. Es ist auch Gericht: Gott richtet uns, indem er uns liebt. Erinnern wir uns daran: Gott richtet uns, indem er uns liebt. Wenn ich seine Liebe annehme, bin ich gerettet, wenn ich sie ablehne, bin ich verurteilt, nicht von ihm, sondern von mir selbst, denn Gott verurteilt nicht, er liebt nur und rettet.

Liebe Brüder und Schwestern, das Wort vom Kreuz ist auch die Antwort der Christen auf das Böse, das immer noch in uns und um uns wirkt. Die Christen müssen auf das Böse mit dem Guten antworten, indem sie wie Jesus das Kreuz auf sich nehmen. Heute Abend haben wir das Zeugnis unserer Brüder aus dem Libanon gehört: Sie sind es, die diese schönen Meditationen und Gebete geschrieben haben. Wir danken ihnen von Herzen für diesen Dienst und vor allem für das Zeugnis, das sie uns geben. Wir haben es gesehen, als Papst Benedikt in den Libanon gereist ist: Wir haben die Schönheit und die Kraft der Gemeinschaft der Christen in jenem Land und der Freundschaft vieler muslimischer Brüder und zahlreicher anderer gesehen. Es war ein Zeichen für den Nahen Osten und für die ganze Welt: ein Zeichen der Hoffnung.

Setzen wir jetzt diesen Kreuzweg im Alltagsleben fort. Beschreiten wir gemeinsam den Weg des Kreuzes, gehen wir, indem wir dieses Wort der Liebe und der Vergebung im Herzen tragen. Gehen wir in der Erwartung der Auferstehung Jesu, der uns so sehr liebt. Er ist ganz Liebe!

*(Nach dem Kreuzweg vor dem Kolosseum
am Karfreitag, 29.3.2013)*

Gott hat auf das Kreuz Jesu alle Last unserer Sünden gelegt, alles Unrecht, das jeder Kain gegen seinen Bruder verübt, alle Bitterkeit des Verrats des Judas und des Petrus, alle Eitelkeit der Anmaßenden, alle Arroganz der falschen Freunde. Es war ein schweres Kreuz, schwer wie die Nacht der alleingelassenen Menschen, schwer wie der Tod der lieben Menschen, schwer, weil es die ganze Schändlichkeit des Bösen zusammenfasst.

Dennoch ist es auch ein Kreuz, das glorreich ist wie die Morgenröte nach einer langen Nacht, da es in allem die Liebe Gottes darstellt, die größer ist als unsere Missetaten und Treuebrüche. Am Kreuz sehen wir das Ungeheuerliche des Menschen, wenn er sich vom Bösen leiten lässt; doch wir sehen auch die Unermesslichkeit der Barmherzigkeit Gottes, der nicht unseren Sünden entsprechend handelt, sondern gemäß seiner Barmherzigkeit.

Angesichts des Kreuzes Jesu sehen wir und greifen dabei gleichsam mit Händen, wie sehr wir von Ewigkeit her geliebt sind. Angesichts des Kreuzes fühlen wir uns als »Kinder« und nicht als »Dinge« oder »Gegenstände«, wie der heilige Gregor von Nazianz sagte, als er sich mit diesem Gebet an Christus wandte:

»Wenn du nicht wärst, mein Christus, würde ich mich als endliches Geschöpf fühlen. Ich bin geboren worden und ich spüre, wie ich vergehe. Ich esse, ich schlafe, ich ruhe mich aus und gehe, ich werde krank und genese.

Zahllose Verlangen und Qualen ergreifen mich, ich genieße die Sonne und was die Erde an Frucht hervorbringt. Dann sterbe ich und das Fleisch wird zu Staub wie das der Tiere, die nicht gesündigt haben. Doch ich, was habe ich mehr als sie? Nichts, wenn nicht Gott. Wenn du nicht wärest, mein Christus, würde ich mich als endliches Geschöpf fühlen. O unser Jesus, führe uns vom Kreuz hin zur Auferstehung und lehre uns, dass nicht das Böse das letzte Wort haben wird, sondern die Liebe, die Barmherzigkeit, die Vergebung.

O Christus, hilf uns, erneut auszurufen: ›Gestern wurde ich mit Christus gekreuzigt, heute werde ich mit ihm verherrlicht. Gestern wurde ich mit ihm getötet, heute werde ich mit ihm zum Leben gerufen. Gestern wurde ich mit ihm begraben, heute werde ich mit ihm auferweckt.‹«

Zum Schluss gedenken wir alle gemeinsam der Kranken, wir gedenken aller unter der Last des Kreuzes verlassenen Menschen, damit sie in der Prüfung des Kreuzes die Kraft der Hoffnung finden, der Hoffnung auf die Auferstehung und die Liebe Gottes.

(Nach dem Kreuzweg vor dem Kolosseum am Karfreitag, 18.4.2014)

➤ Wir sind »Kinder«, nicht »Dinge« oder »Gegenstände« ...

Auf das Kreuz schauen

Wo nimmt der Weg des heiligen Franziskus zu Christus seinen Anfang? Beim Blick des gekreuzigten Jesus. Sich von ihm anschauen lassen in dem Moment, in dem er sein Leben für uns hingibt und uns zu sich zieht. Franziskus hat diese Erfahrung in besonderer Weise in der kleinen Kirche von San Damiano gemacht, als er vor dem Kruzifix betete, das auch ich heute noch verehren werde. Auf diesem Kreuz erscheint Jesus nicht tot, sondern lebend! Das Blut fließt aus den Wunden der Hände, der Füße und der Seite herab, doch dieses Blut drückt Leben aus. Jesus hat die Augen nicht geschlossen, sondern geöffnet, weit offen: ein Blick, der zum Herzen spricht. Und der Gekreuzigte spricht uns nicht von Niederlage, von Scheitern. Paradoxerweise spricht er uns von einem Tod, der Leben ist, der Leben hervorbringt, denn er spricht uns von Liebe, weil er die Mensch gewordene Liebe Gottes ist. Und die Liebe stirbt nicht, nein, sie besiegt das Böse und den Tod. Wer sich vom gekreuzigten Jesus anschauen lässt, wird gleichsam neu erschaffen, wird eine »neue Schöpfung«. Das ist der Ausgangspunkt von allem: Es ist die Erfahrung der verwandelnden Gnade, unverdient geliebt zu sein, obwohl man Sünder ist. Darum kann Franziskus wie der heilige Paulus sagen: »Ich aber will mich allein des Kreuzes Jesu Christi, unseres Herrn, rühmen« (Gal 6,14).

Wir wenden uns an dich, heiliger Franziskus, und bitten dich: Lehre uns, vor dem Gekreuzigten zu verweilen, uns von ihm anschauen zu lassen, uns von seiner Liebe vergeben und neu erschaffen zu lassen.

(Predigt in Assisi, 4.10.2013)

Im Herbst 2013 hielt Papst Franziskus auf dem Petersplatz eine Gebetswache für den Frieden in Syrien und im Nahen Osten: die längste Papst-Zeremonie der neueren Geschichte. Der Initiative hatten sich u. a. syrische Muslime angeschlossen. In diesen Zusammenhang gehört der folgende Text.

Mein christlicher Glaube drängt mich, auf das Kreuz zu schauen. Wie wünschte ich mir, dass für einen Augenblick alle Menschen guten Willens auf das Kreuz schauten! Dort kann man die Antwort Gottes ablesen: Dort wurde auf die Gewalt nicht mit Gewalt reagiert, auf den Tod nicht mit der Sprache des Todes geantwortet. Im Schweigen des Kreuzes verstummt das Getöse der Waffen und kommt die Sprache der Versöhnung, des Verzeihens, des Dialogs und des Friedens zu Wort. Ich möchte heute Abend den Herrn bitten, dass wir Christen und die Brüder und Schwestern der anderen Religionen, alle Menschen guten Willens mit Nachdruck rufen: Gewalt und Krieg sind niemals der Weg des Friedens! Möge ein jeder Mut fassen, auf den Grund seines Gewissens zu schauen und auf jene Stimme zu hören, die sagt: Komm heraus aus deinen Interessen, die dein Herz verengen, überwinde die Gleichgültigkeit gegenüber dem anderen, die das Herz gefühllos macht, besiege deine Todesargumente und öffne dich dem Dialog, der Versöhnung: Schau auf den Schmerz deines Bruders ...

(Friedensgebet für den Nahen Osten auf dem Petersplatz, 25.9.2013)

Nur an Jesus denken. Wenn unser Herz, wenn unser Geist mit Jesus, dem Triumphator ist, dem, der den Tod besiegt

und an Jesus Christus, seinen eingeborenen Sohn, unseren Herrn

hat, die Sünde, den Teufel, alles, dann können wir das tun, worum uns Jesus bittet ...: Milde, Demut, Güte, Zärtlichkeit, Maßhalten, Großzügigkeit. Wenn wir nicht auf Jesus schauen, wenn wir nicht mit Jesus sind, können wir das nicht tun. Es ist eine Gnade: die Gnade, die uns von der Betrachtung Jesu her kommt.

Jesus suchen: an sein Leiden denken, daran, wie sehr er gelitten hat. An sein mildes Schweigen denken: Das wird deine Anstrengung sein. Er wird das Übrige tun. Er wird alles tun, was noch fehlt. Aber das musst du tun: dein Leben in Gott mit Christus verbergen. Das macht man durch die Betrachtung der Menschlichkeit Jesu, der leidenden Menschlichkeit. Es gibt keinen anderen Weg: Es gibt keinen. Das ist der einzige. Um gute Christen zu sein, die Menschlichkeit Jesu und die leidende Menschlichkeit betrachten. Um Zeugnis zu geben, um dieses Zeugnis geben zu können: dasselbe. Um zu verzeihen, schau auf den leidenden Jesus. Um nicht den Nächsten zu hassen, betrachte den leidenden Jesus. Um kein Geschwätz über den Nächsten vom Stapel zu lassen, betrachte den leidenden Jesus. Es gibt keinen anderen Weg.

(Predigt in der Frühmesse, 12.9.2013)

Das Kreuz als Thron Jesu

Das Dostojewski-Zitat könnte ein Hinweis darauf sein, dass der folgende Auszug aus Franziskus' erster Enzyklika wirklich aus seiner Feder stammt. Papst Bergoglio, ein früherer Literaturlehrer, ist ein Bewunderer des russischen Autors. Die Enzyklika entstand mit Material des zurückgetretenen Papstes Benedikt XVI., das Franziskus anreicherte.

Der äußerste Beweis für die Verlässlichkeit der Liebe Christi findet sich in seinem Tod für den Menschen. Wenn der stärkste Beweis für die Liebe darin liegt, sein Leben für die Freunde hinzugeben (vgl. Joh 15,13), so hat Jesus das seine für alle geopfert, auch für diejenigen, die Feinde waren, um auf diese Weise die Herzen zu verwandeln ... F. M. Dostojewski lässt in seinem Werk *Der Idiot* den Protagonisten, den Fürsten Myschkin, beim Anblick des Gemäldes des toten Christus im Grab von Hans Holbein dem Jüngeren sagen: »Aber beim Anblick dieses Bildes kann ja mancher Mensch seinen Glauben verlieren«. Das Gemälde stellt nämlich auf sehr drastische Weise die zerstörende Wirkung des Todes auf den Leichnam Christi dar. Und doch wird gerade in der Betrachtung des Todes Jesu der Glaube gestärkt und empfängt ein strahlendes Licht, wenn er sich als ein Glaube an Jesu unerschütterliche Liebe zu uns erweist, die fähig ist, in den Tod zu gehen, um uns zu retten. An diese Liebe, die sich dem Tod nicht entzogen hat, um zu zeigen, wie sehr sie mich liebt, kann man glauben; ihre Totalität ist über jeden Verdacht erhaben und erlaubt uns, uns Christus voll anzuvertrauen.

Nun offenbart jedoch der Tod Christi die völlige Verlässlichkeit der Liebe Gottes im Licht seiner Auferstehung. Als Auferstandener ist Christus zuverlässiger, glaubwürdiger Zeuge (vgl. Offb 1,5; Hebr 2,17), eine feste Stütze für unseren Glauben. »Wenn aber Christus nicht auferweckt worden ist, dann ist euer Glaube nutzlos«, sagt der heilige Paulus (1 Kor 15,17) ... Gerade weil Jesus der Sohn ist, weil er ganz im Vater verwurzelt ist, hat er den Tod überwinden und das Leben in Fülle erstrahlen lassen können.

(Enzyklika Lumen Fidei, 29.6.2013, Nr. 16 und 17)

Was Franziskus im folgenden Text von seinem Vorgänger zitiert, stammt aus dessen letzter Ansprache an Kardinäle unmittelbar vor seinem Rücktritt im Februar 2013.

Jesus zieht nach Jerusalem ein, um am Kreuz zu sterben. Und genau hier erstrahlt sein Königsein im Sinne Gottes: Sein Königsthron ist das Holz des Kreuzes! Ich denke an das, was Benedikt XVI. zu den Kardinälen sagte: Ihr seid Fürsten – aber die eines gekreuzigten Königs. Das ist der Thron Jesu. Jesus nimmt auf sich ... warum das Kreuz? Weil Jesus das Böse, den Schmutz, die Sünde der Welt – auch unsere Sünde, unser aller Sünde! – auf sich nimmt, und er wäscht es, wäscht es mit seinem Blut, mit der Barmherzigkeit, mit der Liebe Gottes. Schauen wir uns um: Wie viele Wunden schlägt das Böse der Menschheit! Kriege, Gewalttaten, Wirtschaftskonflikte, die die Schwächeren treffen; Geldgier – und keiner kann es doch mitnehmen; man muss es zurücklassen! Meine Großmutter sagte zu uns Kindern: Das Totenhemd hat keine Taschen –, Gewinnsucht, Machtstreben, Korruption, Spaltungen, Verbrechen gegen das menschliche Leben und gegen die Schöpfung! Und auch – jeder von uns weiß es und kennt sie – unsere persönlichen Sünden: der Mangel an Liebe und Achtung gegenüber Gott, gegenüber dem Nächsten und gegenüber der gesamten Schöpfung. Und am Kreuz spürt Jesus das ganze Gewicht des Bösen, und mit der Kraft der Liebe Gottes überwindet er es, besiegt es in seiner Auferstehung. Das ist das Gute, das Jesus uns allen erweist – auf dem Thron des Kreuzes. Das mit Liebe angenommene Kreuz Christi führt niemals in die Traurigkeit, sondern zur Freude, zur Freude, gerettet zu sein, und ein klein wenig das zu tun, was er an jenem Tag seines Todes getan hat.

(Predigt am Palmsonntag, 24.5.2013)

... hinabgestiegen in das Reich des Todes

Das Turiner Grabtuch zeigt einen gemarterten und gekreuzigten Mann; es gilt als Grabtuch Jesu, wird im Dom von Turin aufbewahrt und nur selten öffentlich gezeigt. Benedikt XVI. nannte es bei einem Besuch in Turin eine »Ikone«, ein »Bild des Karsamstags« (Meditation, 2.5.2010).

Liebe Brüder und Schwestern,

mit euch trete auch ich vor das Grabtuch hin und danke dem Herrn, der uns mit den heutigen Mitteln diese Gelegenheit schenkt.

Auch wenn es auf diese Weise geschieht, ist es unsererseits nicht ein bloßes Anschauen, sondern ein Verehren, es ist ein Blick des Gebets. Ich würde noch mehr sagen, es ist ein Sichanschauen-Lassen. Dieses Gesicht hat geschlossene Augen; es ist das Gesicht eines Toten, und doch schaut es uns auf geheimnisvolle Weise an und spricht zu uns im Schweigen. Wie ist das möglich? Warum möchte das gläubige Volk, so wie ihr, vor dieser Ikone eines gegeißelten und gekreuzigten Mannes verweilen? Weil der Mann des Grabtuchs uns einlädt, Jesus von Nazaret zu betrachten. Dieses in das Tuch eingedrückte Bild spricht zu unserem Herzen und drängt uns, den Kalvarienberg hinaufzugehen, das Holz des Kreuzes zu schauen, uns in das beredte Schweigen der Liebe zu versenken.

Lassen wir uns also von diesem Blick berühren, der nicht unsere Augen sucht, sondern unser Herz. Hören wir, was er uns im Schweigen sagen will, der über den Tod selbst hinausgeht. Durch das heilige Grabtuch gelangt das eine endgültige Wort Gottes zu uns: die menschgewordene Liebe, die in unserer Geschichte Fleisch angenommen hat; die barmherzige Liebe Gottes, die alles Böse der Welt auf sich genommen hat, um uns von dessen Herrschaft zu befreien. Dieses entstellte Gesicht gleicht den vielen Gesichtern von Männern und Frauen, verletzt von einem Leben, das ihre Würde missachtet, von Kriegen und von Gewalt, welche die Schwächsten trifft ... Und doch vermittelt das Gesicht des Grabtuchs großen Frieden; dieser gemarterte Leib drückt hoheitliche Würde aus. Es ist, als ob er eine verhaltene, aber starke Energie durchscheinen ließe, als ob er uns sagte: Hab' Vertrauen, verlier nicht die Hoffnung; die Kraft der Liebe Gottes, die Kraft des Auferstandenen überwindet alles.

Wenn ich den Mann des Grabtuchs betrachte, so mache ich mir in diesem Augenblick das Gebet zu eigen, das der heilige Franz von Assisi vor dem Gekreuzigten gesprochen hat:
»Höchster, glorreicher Gott,
erleuchte die Finsternis meines Herzens
und schenke mir rechten Glauben, sichere Hoffnung und vollkommene Liebe.
Gib mir, Herr, das rechte Empfinden und Erkennen,
damit ich deinen heiligen und wahrhaften Auftrag erfülle.
Amen.«

(Videobotschaft zur Ausstellung des Turiner Grabtuchs, 30.3.2013)

... am dritten Tage auferstanden von den Toten

Wirklich auferstanden

Es gibt so viele Christen ohne Auferstehung, Christen ohne den auferstandenen Christus! Sie begleiten Jesus bis ans Grab, sie weinen, sie lieben ihn so sehr, aber nur bis dorthin. Wenn ich an diese Haltungen von Christen ohne den auferstandenen Christus denke, fallen mir drei ein, aber es gibt so viele: die Furchtsamen, die furchtsamen Christen; die Christen, die sich schämen; und die triumphalistischen Christen. Diese drei sind dem auferstandenen Christus nicht begegnet!

Die Furchtsamen: Das sind die vom Auferstehungsmorgen, die, die nach Emmaus gehen, die Angst haben ... Die Furchtsamen sind so: Sie haben Angst davor, an die Auferstehung zu denken ... (Und dann die Verschämten:) Bekennen, dass Christus auferstanden ist, ist in dieser Welt ein bisschen peinlich ... (Schließlich die triumphalistischen Christen:) Sie glauben in ihrem Innern nicht an den Auferstandenen, und sie wollen aus eigenen Stücken eine majestätischere Auferstehung hinlegen ... Sie kennen das Wort »Triumph« nicht, sie sagen nur »Triumphalismus«, denn sie haben eine Art Minderwertigkeitskomplex ... Wenn wir diese Christen sehen mit so vielen triumphalistischen Haltungen, in ihrem Leben, in ihren Reden und in ihrer Seelsorge, in der Liturgie, in so vielen Dingen, dann liegt das daran, dass sie im Innern nicht tief an den Auferstandenen glauben. Und er ist der Sieger, der Auferstandene: Er hat gesiegt. Darum: Ohne Furcht, ohne Angst, ohne Triumphalismus einfach auf den auferstandenen

Herrn schauen, auf seine Schönheit. Und auch den Finger in seine Wunden legen und die Hand in seine Seite.

Unser Glaube, der Glaube an den Auferstandenen: Er besiegt die Welt! Gehen wir zu ihm und lassen wir uns wie diese Kranken von ihm berühren, von seiner Kraft, denn er ist aus Fleisch und Blut; er ist keine spirituelle Idee, die herumgeht, er lebt. Er ist wirklich auferstanden! Und so hat er die Welt besiegt. Gebe der Herr uns die Gnade, diese Dinge zu verstehen und zu leben.

(Predigt in der Frühmesse, 10.9.2013)

➤ Beeinflusst der Glaube an die Auferstehung mein Leben?

Im Glaubensbekenntnis sagen wir immer wieder dieses Wort: Er »ist am dritten Tage auferstanden nach der Schrift«. Eben dieses Ereignis feiern wir: die Auferstehung Jesu, das Zentrum der christlichen Botschaft, die von Anfang an zu hören war und weitergegeben wurde, um bis zu uns zu gelangen. Der heilige Paulus schreibt an die Christen von Korinth: »Vor allem habe ich euch überliefert, was auch ich empfangen habe: Christus ist für unsere Sünden gestorben, gemäß der Schrift, und ist begraben worden. Er ist am dritten Tag auferweckt worden, gemäß der Schrift, und erschien dem Kephas, dann den Zwölf« (1 Kor 15,3–5).

Dieses kurze Glaubensbekenntnis verkündigt das Ostergeheimnis, mit den ersten Erscheinungen des Auferstandenen vor Petrus und dann vor den Zwölf: Der Tod und die Auferstehung Jesu sind der Kern unserer Hoffnung. Ohne diesen Glauben an den Tod und die Auferstehung Jesu wäre unsere Hoffnung schwach, wäre sie nicht einmal Hoffnung, und gerade der Tod und die Auferstehung Jesu sind der Kern unserer Hoffnung. Der Apostel sagt: »Wenn aber Christus nicht auferweckt worden ist, dann ist euer Glaube nutzlos und ihr seid immer noch in euren Sünden« (V. 17).

Leider hat man oft versucht, den Glauben an die Auferstehung Jesu zu verdunkeln, und auch bei den Gläubigen selbst haben sich Zweifel eingeschlichen. Ein bisschen »Rosenwasser«-Glaube, wie wir sagen, ein verwässerter Glaube: Das ist kein starker Glaube. Und das aus Oberflächlichkeit, manchmal aus Gleichgültigkeit, beschäftigt mit tausend Dingen, die man für wichtiger hält als den Glauben, oder aus einer nur horizontalen Sichtweise des Lebens heraus.

Aber gerade die Auferstehung öffnet uns auf die größere Hoffnung hin, weil sie unser Leben und das Leben der Welt auf die ewige Zukunft Gottes hin öffnet, auf die vollkommene Glückseligkeit, auf die Gewissheit, dass das Böse, die Sünde, der Tod überwunden werden können. Und das führt dazu, die täglichen Wirklichkeiten mit mehr Vertrauen zu leben, ihnen mit Mut und Einsatz zu begegnen. Die Auferstehung Christi erleuchtet diese täglichen Wirklichkeiten mit einem neuen Licht. Die Auferstehung Christi ist unsere Kraft!

(Generalaudienz, 3.4.2013)

Bei seiner ersten Reise nach Palästina und Israel traf sich Papst Franziskus in der Grabes- und Auferstehungskirche von Jerusalem mit dem Ehrenoberhaupt der orthodoxen Christen in aller Welt, dem Ökumenischen Patriarchen Bartholomaios I. von Konstantinopel. Das ist der Grund, warum es im folgenden Text auch um die Einheit der Christen geht.

Es ist eine außerordentliche Gnade, hier im Gebet vereint zu sein. Das leere Grab, jene in einem Garten gelegene neue Grabstelle, wo Josef von Arimathäa den Leichnam Jesu ehrfürchtig beigesetzt hatte, ist der Ort, von dem die Botschaft der Auferstehung ausgeht: »Fürchtet euch nicht! Ich weiß, ihr sucht Jesus, den Gekreuzigten. Er ist nicht hier; denn er ist auferstanden, wie er gesagt hat. Kommt her und seht euch die Stelle an, wo er lag. Dann geht schnell zu seinen Jüngern und sagt ihnen: Er ist von den Toten auferstanden« (Mt 28,5–7). Diese Botschaft, die von dem Zeugnis derer bestätigt wurde, denen der auferstandene Herr erschien, ist das Herz der christlichen Botschaft; sie wurde treu von Generation zu Generation weitergegeben, wie der Apostel Paulus von Anfang an bezeugt: »Vor allem habe ich euch überliefert, was auch ich empfangen habe: Christus ist für unsere Sünden gestorben, gemäß der Schrift, und ist begraben worden. Er ist am dritten Tag auferweckt worden, gemäß der Schrift« (1 Kor 15,3–4). Sie ist die Grundlage des Glaubens, der uns eint und dank dem wir gemeinsam bekennen, dass Jesus Christus, der eingeborene Sohn des Vaters und unser einziger Herr, »gelitten [hat] unter Pontius Pilatus, gekreuzigt, gestorben und begraben, hinabgestiegen in das Reich des Todes, am dritten Tage auferstanden [ist] von den Toten« (Apostolisches Glaubensbekenntnis). Jeder von uns, jeder in Christus Getaufte ist geistig auferstanden aus diesem Grab, denn alle sind wir in der Taufe dem Erstgeborenen der ganzen Schöpfung wirklich eingegliedert und gemeinsam mit ihm begraben worden, um mit ihm auferweckt zu werden und »als neue Menschen leben« zu können (Röm 6,4).

Nehmen wir die besondere Gnade dieses Augenblicks an. Verweilen wir in ehrfürchtiger Sammlung am leeren Grab, um die Größe unserer christlichen Berufung wiederzuentdecken: Wir sind Männer und Frauen der Auferstehung, nicht des Todes. Lernen wir von diesem Ort, unser Leben, die Sorgen unserer Kirchen und der ganzen Welt im Licht des Ostermorgens zu leben. Jede Verwundung, jedes Leiden, jeder Schmerz sind vom Guten Hirten auf seine eigenen Schultern geladen worden; er hat sich selbst hingegeben, und mit seinem Opfer hat er uns den Übergang ins ewige Leben eröffnet. Seine offenen Wunden sind gleichsam das Tor, durch das sich der Strom seiner Barmherzigkeit über die Welt ergießt. Lassen wir uns die Grundlage unserer Hoffnung nicht nehmen, die genau diese ist: *Christòs anesti!* [griechisch: Christus ist auferstanden! (Anm. d. Red.)] Enthalten wir der Welt die frohe Botschaft der Auferstehung nicht vor! Und seien wir nicht taub gegenüber dem mächtigen Aufruf zur Einheit, der gerade von diesem Ort aus in den Worten dessen ertönt, der als Auferstandener uns alle »meine Brüder« nennt (vgl. Mt 28,10; Joh 20,17)! ...

Jedes Mal, wenn wir einander um Vergebung bitten für die gegen andere Christen begangenen Sünden, und jedes Mal, wenn wir den Mut haben, diese Vergebung zu gewähren und zu empfangen, machen wir eine Erfahrung der Auferstehung! Jedes Mal, wenn wir nach der Überwindung alter Vorurteile den Mut haben, neue brüderliche Beziehungen zu fördern, bekennen wir, dass Christus wahrhaft auferstanden ist. Jedes Mal, wenn wir die Zukunft der Kirche von ihrer Berufung zur Einheit her bedenken, erstrahlt das Licht des Ostermorgens!

(Ansprache in der Grabes- und Auferstehungskirche in Jerusalem, 25.5.2014)

Wir glauben dem Zeugnis der Frauen

Es ist interessant, wie sehr Papst Franziskus betont, dass die ersten Zeugen – nein, Zeuginnen – der Auferstehung Jesu Frauen waren. Gerade das wird ihm zu einem besonders sprechenden Beleg für die Wirklichkeit der Auferstehung Jesu.

Im Neuen Testament gibt es zwei Arten von (Auferstehungs-)Zeugnissen: einige in der Form eines Glaubensbekenntnisses, also kurze Formeln, die auf den Kern des Glaubens verweisen; andere wiederum haben die Form eines Berichts über das Ereignis der Auferstehung und der damit verbundenen Tatsachen. Die erste, die Form des Glaubensbekenntnisses, ist zum Beispiel … die im *Brief an die Römer,* wo der heilige Paulus schreibt: »Wenn du mit deinem Mund bekennst: Jesus ist der Herr, und in deinem Herzen glaubst: Gott hat ihn von den Toten auferweckt, so wirst du gerettet werden« (10,9).

Von den ersten Schritten der Kirche an ist der Glaube an das Geheimnis von Tod und Auferstehung Jesu felsenfest und ganz deutlich. Heute möchte ich jedoch bei der zweiten Form verweilen, die wir in den Evangelien finden, beim Zeugnis in Form eines Berichts. Vor allem sehen wir, dass die ersten Zeuginnen dieses Ereignisses die Frauen waren. Als eben die Sonne aufgeht, kommen sie zum Grab, um den Leib Jesu zu salben, und finden das erste Zeichen: das leere Grab (vgl. Mk 16,1). Dann folgt die Begegnung mit einem Boten Gottes, der verkündigt: Jesus von Nazaret, der Gekreuzigte, ist nicht hier; er ist auferstanden (vgl. V. 5–6). Die Frauen sind von der Liebe getrieben und können diese Verkündigung mit Freude annehmen: Sie glauben und geben es sofort weiter. Sie behalten es nicht für sich, sie geben es weiter. Die Freude zu wissen, dass Jesus lebt, die Hoffnung, die das Herz erfüllt, lässt sich nicht im Zaum halten. Das sollte auch in unserem Leben geschehen. Wir müssen die Freude spüren, Christen zu sein! Wir glauben an einen Auferstandenen, der das Böse und den Tod überwunden hat! Wir müssen den Mut haben »hinauszugehen«, um diese Freude und dieses Licht an alle Orte unseres Lebens zu bringen! Die Auferstehung Christi ist unsere größte Gewissheit; sie ist der kostbarste Schatz! Wie sollten wir diesen Schatz, diese Gewissheit nicht mit den anderen teilen? Sie ist nicht nur für uns da, sie ist da, um weitergegeben zu werden, um sie den anderen zu schenken, um sie mit den anderen zu teilen. Gerade das ist unser Zeugnis.

Ein weiteres Element: In den Glaubensbekenntnissen des Neuen Testaments werden als Zeugen der Auferstehung nur Männer erwähnt, die Apostel, aber nicht die Frauen. Das liegt daran, dass nach dem jüdischen Gesetz jener Zeit Frauen und Kinder kein verlässliches, glaubwürdiges Zeugnis geben konnten. In den Evangelien dagegen haben die Frauen eine erstrangige, grundlegende Rolle. Hier können wir ein Element erblicken, das für die Geschichtlichkeit der Auferstehung spricht: Wenn sie eine erfundene Tatsache wäre, dann wäre sie im Kontext jener Zeit nicht mit dem Zeugnis von Frauen verbunden worden. Die Evangelisten berichten jedoch einfach das, was geschehen ist: Die Frauen sind die ersten Zeuginnen. Das heißt, dass Gott nicht nach menschlichen Maßstäben auserwählt: Die ersten Zeugen der Geburt Jesu sind die Hirten, einfache und bescheidene Menschen; die ersten Zeuginnen der Auferstehung sind die Frauen.

(Generalaudienz, 3.4.2013)

Die Apostel und die Jünger tun sich schwerer zu glauben. Die Frauen nicht. Petrus läuft zum Grab, bleibt aber beim leeren Grab stehen; Thomas muss mit seinen Händen die Wunden des Leibes Jesu berühren. Auch auf unserem Glaubensweg ist es wichtig zu wissen und zu spüren, dass Gott uns liebt, und keine Angst zu haben, ihn zu lieben: Den Glauben bekennt man mit Mund und Herz, mit Worten und mit Liebe.

Nach den Erscheinungen vor den Frauen folgen weitere. Jesus wird auf neue Weise gegenwärtig: Er ist der Gekreuzigte, aber sein Leib ist verherrlicht; er ist nicht zum irdischen Leben zurückgekehrt, sondern in einem neuen Zustand. Anfangs erkennen sie ihn nicht wieder, und nur durch seine Worte und seine Gesten werden die Augen geöffnet: Die Begegnung mit dem Auferstandenen verwandelt, gibt dem Glauben eine neue Kraft, eine unerschütterliche Grundlage. Auch für uns gibt es viele Zeichen, in denen der Auferstandene sich zu erkennen gibt: die Heilige Schrift, die Eucharistie, die anderen Sakramente, die Nächstenliebe, jene Gesten der Liebe, die einen Strahl des Auferstandenen bringen. Lassen wir uns erleuchten von der Auferstehung Christi, lassen wir uns von seiner Kraft verwandeln, damit auch durch uns in der Welt die Zeichen des Todes den Zeichen des Lebens weichen.

(Generalaudienz, 3.4.2014)

Das Evangelium von der Auferstehung Jesu Christi beginnt mit dem Gang der Frauen zum Grab im Morgengrauen des Tages nach dem Sabbat. Sie gehen zur Grabeshöhle, um den Leichnam des Herrn zu ehren, doch sie finden sie geöffnet und leer. Ein mächtiger Engel sagt ihnen: »Fürchtet euch nicht!« (Mt 28,5) und beauftragt sie, zu gehen und den Jüngern die Nachricht zu bringen: »Er ist von den Toten auferstanden. Er geht euch voraus nach Galiläa« (V. 7). Die Frauen laufen eilends fort, und unterwegs kommt Jesus selbst ihnen entgegen und sagt: »Fürchtet euch nicht! Geht und sagt meinen Brüdern, sie sollen nach Galiläa gehen, und dort werden sie mich sehen« (V. 10) …

Galiläa ist *der Ort der ersten Berufung, wo alles seinen Anfang genommen hatte!* Dorthin zurückkehren, zum Ort der ersten Berufung zurückkehren … Nach Galiläa zurückkehren bedeutet, alles vom Kreuz und vom Sieg her *neu zu lesen;* ohne Angst, »fürchtet euch nicht!« Alles neu lesen – die Verkündigung, die Wunder, die neue Gemeinschaft, die Begeisterungen und die Rückzieher, bis hin zum Verrat – alles neu lesen von dem Ende her, das ein neuer Anfang ist, *von diesem höchsten Akt der Liebe her* …

Wo ist mein Galiläa? Erinnere ich mich daran? Habe ich es vergessen? Suche es, und du wirst es finden! Dort erwartet dich der Herr. Bin ich Wege und Pfade gegangen, die es mich haben vergessen lassen? Herr, hilf mir: Sag mir, welches mein Galiläa ist; weißt du, ich will dorthin zurückkehren, um dich zu treffen und mich von deiner Barmherzigkeit umarmen zu lassen. Habt keine Angst, fürchtet euch nicht, geht nach Galiläa zurück!

Das Evangelium ist klar: Man muss dorthin zurückkehren, um den auferstandenen Jesus zu sehen und Zeuge seiner Auferstehung zu werden. Es ist kein Rückwärtsgehen, es ist keine Nostalgie. Es ist ein Zurückkehren zur ersten Liebe, um *das Feuer zu empfangen,* das Jesus in der Welt entzündet hat, und es allen zu bringen, bis an die Enden der Erde. Nach Galiläa zurückkehren ohne Angst.

Das »heidnische Galiläa« (Mt 4,15; Jes 8,23): Horizont des Auferstandenen, Horizont der Kirche; sehnliches Verlangen nach Begegnung ... Machen wir uns auf den Weg!
(Predigt in der Osternacht, 19.4.2014)

➤ Wo ist mein »Galiläa«? Erinnere ich mich daran?
Habe ich es vergessen?

(Die Frauen, die zum Grab Jesu kommen,) sehen den Stein weggewälzt vom Grab, kommen näher und finden den Leichnam des Herrn nicht. Das ist etwas, das sie ratlos macht, Zweifel aufkommen lässt, sie mit Fragen erfüllt: »Was ist los?«, »Was soll das alles bedeuten?« (vgl. Lk 24,4). Geht es nicht auch uns so, wenn im täglichen Ablauf der Dinge etwas wirklich Neues geschieht? Wir halten inne, verstehen nicht, wissen nicht, wie wir damit umgehen sollen. Das *Neue* macht uns häufig Angst, auch das Neue, was Gott uns bringt, das Neue, das Gott von uns verlangt. Wir sind wie die Apostel aus dem Evangelium: Oft ziehen wir es vor, unsere Sicherheiten beizubehalten, bei einem Grab stehenzubleiben im Gedanken an den Verstorbenen, der schließlich nur in der Erinnerung der Geschichte lebt wie die großen Persönlichkeiten der Vergangenheit. Wir haben Angst vor den Überraschungen Gottes; liebe Brüder und Schwestern, in unserem Leben haben wir Angst vor den Überraschungen Gottes! Er überrascht uns immer! So ist der Herr.

Brüder und Schwestern, verschließen wir uns nicht dem Neuen, das Gott in unser Leben bringen will! Sind wir oft müde, enttäuscht, traurig, spüren wir die Last unserer Sünden, meinen wir, es nicht zu schaffen? Verschließen wir uns nicht in uns selbst, verlieren wir nicht die Zuversicht, geben wir niemals auf: Es gibt keine Situation, die Gott nicht ändern kann, es gibt keine Sünde, die er nicht vergeben kann, wenn wir uns ihm öffnen.

(Predigt in der Osternacht, 30.3.2013)

Nichts bleibt wie zuvor, nicht nur im Leben jener Frauen, sondern auch in unserem Leben und in unserer Menschheitsgeschichte. Jesus ist nicht ein Toter, er ist auferstanden, er ist *der Lebende!* Er ist nicht einfach ins Leben zurückgekehrt, sondern er ist das Leben selbst, denn er ist der Sohn Gottes, des Lebendigen (vgl. Num 14,21–28; Dtn 5,26; Jos 3,10). Jesus ist nicht mehr in der Vergangenheit, sondern er lebt in der Gegenwart und ist auf die Zukunft hin ausgerichtet, Jesus ist das ewige »Heute« Gottes. So zeigt sich die Neuheit Gottes vor den Augen der Frauen, der Jünger, vor unser aller Augen: der Sieg über die Sünde, über das Böse, über den Tod, über alles, was das Leben belastet und ihm ein weniger menschliches Aussehen verleiht. Und das ist eine Botschaft, die an mich, an dich, liebe Schwester, an dich lieber Bruder, gerichtet ist. Wie oft brauchen wir es, dass die Liebe uns sagt: Was sucht ihr den Lebenden bei den Toten? Die Probleme, die Sorgen des Alltags können uns leicht dazu bringen, uns in uns selbst, in der Traurigkeit, in der Bitterkeit zu verschließen ... und darin liegt der Tod. Suchen wir nicht dort den Lebenden!

Lass also zu, dass der auferstandene Jesus in dein Leben eintritt, nimm ihn auf als Freund, mit Vertrauen: Er ist das Leben! Wenn du bis jetzt fern von ihm warst, tu einen kleinen Schritt: Er wird dich mit offenen Armen empfangen. Wenn du gleichgültig bist, akzeptiere das Risiko: Du wirst nicht enttäuscht sein. Wenn es dir schwierig erscheint, ihm zu folgen, hab' keine Angst, vertrau' dich ihm an, sei sicher, dass er dir nahe ist; er ist auf deiner Seite und wird dir den Frieden geben, den du suchst, und die Kraft, so zu leben, wie er will.

(Predigt in der Osternacht, 30.3.2013)

Die Frauen begegnen der Neuheit Gottes: Jesus ist auferstanden, er ist der Lebende! Aber angesichts des leeren Grabes und der beiden Männer in leuchtenden Gewändern ist ihre erste Reaktion ein Erschrecken: Sie »blickten zu Boden« – bemerkt der heilige Lukas –, hatten nicht einmal den Mut, aufzusehen. Als sie aber die Verkündigung von der Auferstehung hören, nehmen sie sie gläubig an. Und die beiden Männer in leuchtenden Gewändern führen ein grundlegendes Verb ein: erinnern. »Erinnert euch an das, was er euch gesagt hat, als er noch in Galiläa war … Da erinnerten sie sich an seine Worte« (Lk 24,6.8). Dies ist die Einladung, sich an die Begegnung mit Jesus, an seine Worte, seine Taten, sein Leben zu *erinnern;* und gerade dieses liebevolle Sich-Erinnern an die Erfahrung mit dem Meister ist es, was die Frauen dazu bringt, jegliche Furcht zu überwinden und die Verkündigung von der Auferstehung zu den Aposteln und zu allen anderen zu bringen (vgl. Lk 24,9). Sich an das erinnern, was Gott für mich, für uns getan hat und tut, sich an den zurückgelegten Weg erinnern – das öffnet das Herz für die Hoffnung auf die Zukunft. Lernen wir, uns an das zu erinnern, was Gott in unserem Leben getan hat.

(Predigt in der Osternacht, 30.3.2013)

... aufgefahren in den Himmel

Zunächst erinnern wir uns, dass der Sohn Gottes durch die Himmelfahrt unsere von ihm angenommene Menschennatur zum Vater gebracht hat und alle zu sich ziehen will, die ganze Welt aufrufen will, sich in die offenen Arme Gottes aufnehmen zu lassen, damit am Ende der Geschichte die ganze Wirklichkeit dem Vater übergeben wird.

(Generalaudienz, 24.4.2013)

Der Abendmahlssaal erinnert uns an den *Abschied* des Meisters und an die *Verheißung*, wieder mit seinen Freunden zusammenzukommen: »Wenn ich gegangen bin ... komme ich wieder und werde euch zu mir holen, damit auch ihr dort seid, wo ich bin« (Joh 14,3). Jesus trennt sich nicht von uns, er verlässt uns nie, er geht uns voran in das Haus des Vaters, und dorthin will er uns mitnehmen.

(Predigt im Abendmahlssaal in Jerusalem, 26.5.2014)

Die Apostelgeschichte berichtet von dieser Episode, dem letzten Scheiden Jesu, des Herrn, von seinen Jüngern und von der Welt (vgl. Apg 1,2.9). Das Matthäusevangelium hingegen gibt den Auftrag Jesu an die Jünger wieder: die Einladung, aufzubrechen, um allen Völkern seine Botschaft des Heils zu verkünden (vgl. Mt 28,16–20). »Gehen«, oder besser: »aufbrechen« wird zum Schlüsselwort des heutigen Festes (Christi Himmelfahrt): Jesus bricht zum Vater auf und gibt seinen Jüngern den Auftrag, in die Welt aufzubrechen.

Jesus bricht auf, er wird in den Himmel emporgehoben, das heißt er kehrt heim zum Vater, von dem er in die Welt gesandt wurde. Er hat seine Arbeit getan, daher kehrt er zum Vater zurück. Doch es handelt sich nicht um eine Trennung, da er in einer neuen Weise für immer bei uns bleibt. Mit seiner Himmelfahrt zieht der auferstandene Herr den Blick der Apostel – und auch unseren Blick – zum Himmel empor, um uns zu zeigen, dass das Ziel unseres Weges der Vater ist. Er selbst hatte gesagt, dass er weggehen würde, um uns einen Platz im Himmel zu bereiten. Dennoch bleibt Jesus in den Begebenheiten der menschlichen Geschichte mit der Macht und den Gaben seines Geistes gegenwärtig und wirksam; er steht einem jeden von uns zur Seite: auch wenn wir ihn nicht mit den Augen sehen – er ist da! Er begleitet uns, er führt uns, er nimmt uns bei der Hand und richtet uns wieder auf, wenn wir fallen …

Als Jesus in den Himmel zurückkehrt, bringt er dem Vater ein Geschenk mit. Was für ein Geschenk? Seine Wunden. Sein Leib ist wunderschön, ohne Blutergüsse, ohne die Verletzungen der Geißelung, doch er bewahrt die Wunden. Als er zum Vater zurückkehrt, zeigt er ihm die Wunden und sagt: »Schau her, Vater, das ist der Preis der Vergebung, die du schenkst.« Wenn der Vater auf die Wunden Jesu blickt, vergibt er uns immer, nicht weil wir gut sind, sondern weil Jesus für uns bezahlt hat. Indem der Vater auf die Wunden Jesu blickt, wird er barmherziger.

Das ist das große Werk Jesu heute im Himmel: dem Vater den Preis der Vergebung zeigen, seine Wunden. Das ist etwas Schönes, das uns dazu drängt, keine Angst zu haben, um Vergebung zu bitten. Der Vater vergibt immer, weil er auf die Wunden Jesu blickt; er schaut auf unsere Sünde und vergibt sie.

… aufgefahren in den Himmel

Doch Jesus ist auch durch die Kirche gegenwärtig, die seine Sendung fortsetzen soll. Das letzte Wort Jesu an die Jünger ist der Auftrag, aufzubrechen: »Geht zu allen Völkern, und macht alle Menschen zu meinen Jüngern« (Mt 28,19). Das ist ein klarer, kein dem eigenen Ermessen überlassener Auftrag! Die christliche Gemeinschaft ist eine Gemeinschaft »im Hinausgehen«, »im Aufbruch«. Mehr noch: die Kirche ist »im Aufbruch« entstanden ... Seinen missionarischen Jüngern sagt Jesus: »Ich bin bei euch alle Tage bis zum Ende der Welt« (V. 20). Allein, ohne Jesus, vermögen wir nichts! Für das apostolische Werk sind unsere Kräfte, unsere Ressourcen, unsere Strukturen nicht ausreichend, auch wenn sie notwendig sind. Ohne die Gegenwart des Herrn und ohne die Kraft seines Geistes ist unsere auch gut organisierte Arbeit wirkungslos. Und so gehen wir hin, um den Leuten zu sagen, wer Jesus ist.

(Mittagsgebet an Christi Himmelfahrt, 1.6.2014)

➤ Typisch Franziskus: Jesu Aufbruch ist unser Aufbruch.

(Jesus ist zum Vater heimgekehrt), und von dort aus tritt er immer noch jeden Tag, jeden Moment für uns ein: Und das ist etwas Aktuelles. Jesus vor dem Vater – er bietet ihm sein Leben an, die Erlösung, zeigt dem Vater die Wunden, den Preis der Erlösung. Und jeden Tag tritt Jesus so für uns ein. Und wenn wir aus dem einen oder anderen Grund einmal etwas mutlos sind, dann erinnern wir uns daran, dass Er es ist, der für uns bittet, der für uns eintritt, ununterbrochen. So oft vergessen wir das: »Aber Jesus, ja, das ist vorbei, er ist in den Himmel zurückgekehrt, den Heiligen Geist hat er uns geschickt, die Geschichte ist vorüber.« Nein! Heute tritt Jesus jeden Moment (für uns) ein. (Beten wir) dieses Gebet: »Ach, Herr Jesus, erbarme dich meiner.« Bitte für mich. Sich an den Herrn wenden und um diese Fürsprache bitten.

(Predigt in der Frühmesse, 22.1.2015)

... Er sitzt zur Rechten Gottes, des allmächtigen Vaters; von dort wird er kommen, zu richten die Lebenden und die Toten

Er wird wirklich wiederkommen

Jesus erwarten. Wer Jesus nicht erwartet, der verschließt Jesus seine Tür, der lässt ihn nicht dieses Werk des Friedens, der Gemeinschaft, der Bürgerschaft, mehr noch: des Namens tun. Er gibt uns einen Namen: Er macht uns zu Kindern Gottes. Das ist die Haltung des Wartens auf Jesus, die sich im Innern der christlichen Hoffnung befindet. Der Christ ist ein Mann oder eine Frau der Hoffnung. Er weiß, dass der Herr kommen wird. Er wird wirklich kommen, wisst ihr? Wir kennen nicht die Stunde ... Aber er wird kommen, er wird kommen, um uns zu finden. Aber nicht, um uns isoliert zu finden, untereinander verfeindet – nein. Um uns zu finden, wie er uns mit seinem Dienst gemacht hat: Freunde, die sich nahe sind, in Frieden.

Erwarte ich ihn, oder erwarte ich ihn nicht? Glaube ich an diese Hoffnung, dass er kommen wird? Habe ich ein offenes Herz, um das Geräusch zu hören, wenn er an die Tür klopft, wenn er die Tür öffnet? Der Christ ist ein Mann oder eine Frau, der Jesus zu erwarten weiß, und darum ein Mann oder eine Frau der Hoffnung. Der Heide hingegen – und so viele Male benehmen wir uns Christen wie die Heiden – vergisst Jesus, denkt an sich selbst, an seine Angelegenheiten, er wartet nicht auf Jesus. Der heidnische Egoist tut so, als wäre er ein Gott: »Ich arrangiere mich schon alleine.« Und das endet übel, es endet ohne Namen, ohne Nähe, ohne Bürgerschaft.

(Predigt in der Frühmesse, 21.10.2014)

➤ Erwarte ich ihn?

Warum verstanden diese Schriftgelehrten nicht die Zeichen der Zeit und forderten ein außerordentliches Zeichen (das Jesus ihnen später gegeben hat), warum verstanden sie nicht? Vor allem, weil sie verschlossen waren … Sie hatten einfach die Geschichte vergessen. Sie hatten vergessen, dass Gott der Gott des Gesetzes ist, aber auch der Gott der Überraschungen … Sie verstanden nicht, dass Gott immer neu ist; nie verleugnet er sich, nie sagt er, dass das, was er früher gesagt hatte, falsch gewesen wäre, nie – er überrascht uns immer. Und sie verstanden nicht und schlossen sich ein in dieses System, das mit so viel gutem Willen errichtet worden war, und baten Jesus: »Wirke doch ein Zeichen!« Und sie verstanden nicht die vielen Zeichen, die Jesus gab und die anzeigten, dass die Zeit reif war. Verschlossenheit! Zweitens: Sie hatten vergessen, dass sie ein Volk auf dem Weg waren. Auf dem Weg! Und wenn man auf dem Weg ist, wenn einer auf dem Weg ist, findet er immer wieder Neues, Dinge, die er noch nicht kannte.

Ein Weg ist nicht absolut an sich, sondern es ist ein Weg, der zu einem bestimmten Punkt führt: zur endgültigen

Offenbarung des Herrn … Das Leben ist ein Weg zur Fülle Jesu Christi, wenn er zum zweiten Male kommt. Es ist ein Weg auf Jesus zu, der in Herrlichkeit wiederkommen wird, wie es die Engel und die Apostel am Tag der Himmelfahrt gesagt haben … Und das sollte uns zum Nachdenken bringen: Hänge ich an meinen Dingen, an meinen Ideen, verschlossen? Oder bin ich offen für den Gott der Überraschungen? Bin ich ein verschlossener Mensch oder ein Mensch, der vorangeht? Ich glaube an Jesus Christus: an Jesus, an das, was er getan hat. Er ist gestorben, erstanden und damit fertig – glaube ich, dass der Weg weiter geht bis zur Reife, bis zur Offenbarung der Herrlichkeit des Herrn? Bin ich imstande, die Zeichen der Zeit zu verstehen und der Stimme des Herrn, die sich in ihnen offenbart, treu zu sein? Wir können uns heute diese Fragen stellen und den Herrn um ein Herz bitten, das das Gesetz liebt, denn das Gesetz ist von Gott; das aber auch die Überraschungen Gottes liebt und weiß, dass dieses heilige Gesetz kein Selbstzweck ist.

(*Predigt in der Frühmesse, 13.10.2014*)

Wir leben in der Zwischenzeit

Im Credo bekennen wir: Jesus »wird wiederkommen in Herrlichkeit, zu richten die Lebenden und die Toten«. Die menschliche Geschichte beginnt mit der Schöpfung von Mann und Frau als Abbild Gottes, ihm ähnlich, und schließt mit dem Jüngsten Gericht Christi. Oft werden diese beiden Pole der Geschichte vergessen, und vor allem der Glaube an die Wiederkunft Christi und an das Jüngste Gericht ist im Herzen der Christen manchmal nicht so fest und klar. Während seines öffentlichen Wirkens hat Jesus oft über die Wirklichkeit seines endgültigen Kommens gesprochen.

(Generalaudienz, 24.4.2013)

Es gibt ... diese »augenblickliche Zeit« zwischen dem ersten und dem endgültigen Kommen Christi – die Zeit, in der wir leben. Im Kontext dieser »augenblicklichen Zeit« steht das Gleichnis von den zehn Jungfrauen (vgl. Mt 25,1–13). Es handelt sich um zehn Mädchen, die auf die Ankunft des Bräutigams warten, aber dieser kommt lange nicht, und sie schlafen ein. Als plötzlich angekündigt wird, dass der Bräutigam kommt, bereiten alle sich darauf vor, ihn zu empfangen. Während aber fünf von ihnen, die klugen, Öl haben, um ihre Lampen zu füllen, bleiben die anderen, die törichten, mit erloschenen Lampen zurück, weil sie kein Öl haben; und während sie danach suchen, kommt der Bräutigam, und die törichten Jungfrauen finden die Tür zum Hochzeitsfest verschlossen. Sie klopfen inständig, aber es ist bereits zu spät, der Bräutigam antwortet: »Ich kenne euch nicht.« Der Bräutigam ist der Herr, und die Zeit des Wartens auf seine Ankunft ist die Zeit, die er uns, uns allen, mit Barmherzigkeit und Geduld vor seinem endgültigen Kommen schenkt. Es ist eine Zeit des Wachens, eine Zeit, in der wir die Lampen des Glaubens, der Hoffnung und der Liebe am Brennen halten müssen, in der wir das Herz offen halten müssen für das Gute, die Schönheit und die Wahrheit; eine Zeit, die nach dem Willen Gottes gelebt werden muss, denn wir wissen weder den Tag noch die Stunde der Wiederkunft Christi. An uns ist es, für die Begegnung bereit zu sein – bereit zu sein für eine Begegnung, eine schöne Begegnung, die Begegnung mit

Jesus –, das heißt die Zeichen seiner Gegenwart sehen zu können, unseren Glauben lebendig zu erhalten, durch das Gebet, durch die Sakramente, wachsam zu sein, um nicht einzuschlafen, um Gott nicht zu vergessen. Das Leben der schlafenden Christen ist ein trauriges Leben; es ist kein glückliches Leben. Der Christ muss glücklich sein, die Freude Jesu. Schlafen wir nicht ein!

(Generalaudienz, 24.4.2013)

Das zweite Gleichnis, das von den Talenten, lässt uns nachdenken über die Beziehung zwischen unserem Einsatz der Gaben, die wir von Gott erhalten haben, und seiner Wiederkunft, bei der er uns fragen wird, wie wir sie gebraucht haben (vgl. Mt 25,14–30). Wir kennen das Gleichnis gut: Vor seiner Abreise gibt der Herr jedem Diener einige Talente, um sie während seiner Abwesenheit gut zu gebrauchen. Dem ersten gibt er fünf, dem zweiten zwei und dem dritten eines. Während seiner Abwesenheit vervielfachen die ersten beiden Diener ihre Talente – das sind antike Münzen –, während der dritte sein Talent lieber vergräbt, um es dem Herrn unversehrt zurückzugeben. Nach seiner Rückkehr richtet der Herr über ihr Tun: Er lobt die ersten beiden, während der dritte hinausgeworfen wird in die Finsternis, weil er das Talent aus Angst verborgen gehalten und sich in sich selbst verschlossen hat. Ein Christ, der sich in sich selbst verschließt, der all das versteckt, was der Herr ihm gegeben hat, … ist kein Christ! Er ist ein Christ, der Gott nicht für all das dankt, was er ihm geschenkt hat! Das sagt uns, dass das Warten auf die Wiederkunft des Herrn die Zeit des Handelns ist – wir sind in der Zeit des Handelns –, die Zeit, in der wir die Gaben Gottes

Frucht bringen lassen sollen, nicht für uns selbst, sondern für ihn, für die Kirche, für die Mitmenschen, die Zeit, in der wir stets danach streben müssen, das Gute in der Welt wachsen zu lassen. Und insbesondere in dieser Zeit der Krise heute ist es wichtig, sich nicht in sich selbst zu verschließen und das eigene Talent, den eigenen geistlichen, intellektuellen, materiellen Reichtum – all das, was Gott uns geschenkt hat – zu vergraben, sondern sich zu öffnen, solidarisch zu sein, auf den Mitmenschen zu achten.

(Generalaudienz, 24.4.2013)

Abschließend ein Wort zum Abschnitt über das Jüngste Gericht, in dem das zweite Kommen des Herrn beschrieben wird, wenn er alle Menschen, die Lebenden und die Toten, richten wird (vgl. Mt 25,31–46). Das Bild, das der Evangelist gebraucht, ist das des Hirten, der die Schafe von den Böcken scheidet. Zur Rechten werden jene versammelt, die nach dem Willen Gottes gehandelt haben und ihrem hungrigen, durstigen, fremden, nackten, kranken, gefangenen Nächsten zu Hilfe gekommen sind – ich habe »fremd« gesagt und denke an die vielen Fremden, die hier in der Diözese Rom sind: Was tun wir für sie? –, während zur Linken jene versammelt werden, die dem Nächsten nicht zu Hilfe gekommen sind. Das sagt uns, dass Gott uns nach der Liebe richten wird, danach, wie sehr wir ihn in unseren Brüdern geliebt haben, vor allem den Schwachen und Notleidenden. Sicher, wir müssen uns stets bewusst sein, dass wir gerechtfertigt sind, dass wir aus Gnade gerettet sind durch einen unentgeltlichen Akt der Liebe Gottes, der uns stets zuvorkommt; aus uns selbst können wir nichts tun.

(Generalaudienz, 24.4.2013)

Die Fragen des Jüngsten Gerichts

Liebe Brüder und Schwestern, der Blick auf das Jüngste Gericht darf uns keine Angst machen. Vielmehr sollte er uns anspornen, die Gegenwart besser zu leben. Mit Barmherzigkeit und Geduld schenkt Gott uns diese Zeit, damit wir täglich lernen, ihn in den Armen und Geringen zu erkennen, damit wir uns für das Gute einsetzen und wachsam sind im Gebet und in der Liebe. Möge der Herr uns am Ende unseres Lebens und der Geschichte als gute und treue Diener erkennen.

(Generalaudienz, 24.4.2013)

Schau, lies die Seligpreisungen, die werden dir gut tun. Wenn du dann wissen willst, was du konkret tun musst, lies Matthäus, Kapitel 25. Das ist das Muster, nach dem wir gerichtet werden. Mit diesen beiden Dingen habt ihr den Aktionsplan: die Seligpreisungen und Matthäus 25. Ihr braucht nichts anderes mehr zu lesen. Darum bitte ich euch von ganzem Herzen.

(An argentinische Jugendliche in Rio de Janeiro/ Brasilien, 25.7.2013)

Tatsächlich sind die Seligpreisungen das Porträt Jesu, seine Lebensform; und sie sind der Weg zum wahren Glück, den auch wir gehen können mit der Gnade, die Jesus uns schenkt. Außer dem neuen Gesetz schenkt Jesus uns auch das »Protokoll«, nach dem wir einst gerichtet werden. Am Ende der Welt wird über uns gerichtet werden. Und welche Fragen wird man uns dort stellen? Wie werden diese Fragen lauten?

Nach welchem Protokoll wird der Richter uns richten? Wir finden es in Kapitel 25 des Evangeliums nach Matthäus. Die heutige Aufgabe besteht darin, Kapitel 5 des Evangeliums nach Matthäus zu lesen, wo die Seligpreisungen stehen, und Kapitel 25 zu lesen, wo das Protokoll steht, die Fragen, die uns einst am Tag des Gerichts gestellt werden. Wir werden keine Titel, kein Ansehen, keine Privilegien haben, die wir vorbringen können. Der Herr wird uns erkennen, wenn wir ihn unsererseits erkannt haben: im Armen, im Hungernden, im Elenden und Ausgegrenzten, im Leidenden und im Einsamen ... Das ist eines der Grundkriterien zur Überprüfung unseres christlichen Lebens: Jesus fordert uns auf, uns jeden Tag daran zu messen. Ich lese die Seligpreisungen und denke darüber nach, wie mein christliches Leben sein soll, und dann mache ich eine Gewissenserforschung anhand von Kapitel 25 bei Matthäus. Jeden Tag: Ich habe dies getan, ich habe dies getan, ich habe dies getan ... Das wird uns gut tun! Es sind einfache, aber konkrete Dinge.

(Generalaudienz, 6.8.2014)

Christus ist die Mitte

Der christliche Glaube hat seinen Mittelpunkt in Christus; er ist das Bekenntnis, dass Jesus der Herr ist und dass Gott ihn von den Toten auferweckt hat (vgl. Röm 10,9). Alle Linien des Alten Testaments laufen in Christus zusammen; er wird das endgültige Ja zu allen Verheißungen, das Fundament unseres abschließenden »Amen« zu Gott (vgl. 2 Kor 1,20). Die Geschichte Jesu ist der vollkommene Erweis der Verlässlichkeit Gottes. Wenn Israel der großen Taten der Liebe Gottes gedachte, die das Eigentliche seines Bekenntnisses bildeten und ihm die Augen des Glaubens auftaten, erscheint nun das Leben Jesu wie der Ort des endgültigen Eingreifens Gottes, als der äußerste Ausdruck seiner Liebe zu uns. Was Gott uns in Jesus zuspricht, ist nicht ein weiteres Wort unter vielen anderen, sondern sein ewiges Wort (vgl. Hebr 1,1–2) ...

(Enzyklika Lumen Fidei, 29.6.2013, Nr. 15)

Christus ist *im* Mittelpunkt und Christus ist *der* Mittelpunkt. Christus ist der Mittelpunkt der Schöpfung, des Volkes und der Geschichte ... In Ihm, durch Ihn und auf Ihn hin wurde alles erschaffen. Er ist die Mitte aller Dinge, Er ist ihr Ursprung: Jesus Christus, der Herr. Gott hat Ihm die Fülle, die Gesamtheit übergeben, um durch Ihn alles zu versöhnen (vgl. 1, 12–20). Herr der Schöpfung und Herr der Versöhnung ...

Vom Glaubenden, wenn er ein solcher sein will, wird daher eine Haltung erwartet, diese Zentralität Jesu Christi anzuerkennen und in seinem Leben aufzunehmen, in den Gedanken, in Worten und Taten Gestalt werden zu lassen. Und so werden unsere Gedanken christliche Gedanken sein, Gedanken Christi. Unsere Werke werden christliche Werke sein, Werke Christi, unsere Worte werden christliche Worte sein, Worte Christi. Wenn man hingegen diese Mitte verliert, weil man sie durch etwas anderes ersetzt, werden davon nur Schäden entstehen, sowohl für die Umgebung um uns wie auch für den Menschen selbst.

(Predigt zum Abschluss des Glaubensjahres, 24.11.2013)

Christus (ist) *die Mitte der Geschichte der Menschheit und auch die Mitte der Geschichte jedes Menschen.* Ihm können wir die Freuden und Hoffnungen, die Kümmernisse und Ängste sagen, von denen unser Leben durchwoben ist. Wenn Jesus in der Mitte ist, dann werden auch die dunkelsten Augenblicke unseres Daseins hell, und er gibt uns Hoffnung, wie es beim guten Schächer im heutigen Evangelium der Fall ist.

Während alle anderen Jesus verhöhnen – »Wenn du der Christus, der König und Messias bist, hilf dir selbst und steig herab vom Kreuz« –, klammert sich jener Mann, der in seinem Leben Fehler begangen hat, aber bereut, schließlich an Jesus und bittet ihn: »Denk an mich, wenn du in dein Reich kommst« (Lk 23,42). Und Jesus verspricht ihm: »Heute noch wirst du mit mir im Paradies sein« (V. 43): sein Reich. Jesus spricht nur das Wort der Vergebung, nicht der Verurteilung; und wenn der Mensch den Mut findet, um diese Vergebung zu bitten, dann lässt der Herr eine solche Bitte nie fallen. Heute können wir alle an unsere Geschichte, an unseren Weg denken. Jeder von uns hat seine Geschichte; jeder von uns hat auch seine Fehler, seine Sünden, seine glücklichen Augenblicke und seine dunklen Augenblicke. An diesem Tag wird es uns gut tun, an unsere Geschichte zu denken, auf Jesus zu schauen und mit dem Herzen ihm immer wieder zu sagen – wohlgemerkt mit dem Herzen, im Schweigen, jeder von uns: »Herr, denke an mich, jetzt, wo du in deinem Reich bist! Jesus, denke an mich, denn ich will gut werden, aber ich habe nicht die Kraft, ich kann nicht: Ich bin ein Sünder, eine Sünderin. Aber denke an mich, Jesus! Du kannst an mich denken, denn du bist im

Mittelpunkt, du bist wirklich in deinem Reich!« Wie schön! Machen wir das alle heute, jeder in seinem Herzen, mehrmals. »Denke an mich, Herr, du, der du im Mittelpunkt bist, du, der du in deinem Reich bist!«

Die Verheißung Jesu an den guten Schächer gibt uns eine große Hoffnung, nämlich dass die Gnade Gottes immer viel größer ist als das Gebet dessen, der darum gebeten hat. Der Herr schenkt immer mehr, er ist so großzügig, er schenkt immer mehr, als man von ihm erbittet: Du bittest ihn, an dich zu denken, und er führt dich in sein Reich! Jesus ist wirklich die Mitte unserer Wünsche nach Freude und Erlösung. Gehen wir alle zusammen auf diesem Weg.

(Predigt zum Abschluss des Glaubensjahres, 24.11.2013)

➤ Steht Christus für mich in der Mitte? Oder steht dort etwas/jemand anderes?

Ich glaube an den Heiligen Geist

Wenn Papst Franziskus vom Heiligen Geist spricht, dann greift er nicht zu Definitionen, sondern zu einer deskriptiven, dynamischen Sprechweise: »Er ist Frische, Fantasie, Neuheit.«

Der Heilige Geist ist die Seele der Kirche. Er *schenkt das Leben, erweckt die verschiedenen Charismen*, die das Volk Gottes bereichern, und vor allem *schafft er die Einheit* unter den Gläubigen: Aus vielen bildet er einen einzigen Leib, den Leib Christi. Das ganze Leben und die Sendung der Kirche hängen vom Heiligen Geist ab; er verwirklicht alles ... Er ist Frische, Fantasie, Neuheit.

(Predigt in Istanbul/Türkei, 29.11.2014)

Gottes Leben in uns

Im *Credo* bekennen wir gläubig: »Ich glaube an den Heiligen Geist, der Herr ist und lebendig macht.« Die erste Wahrheit, der wir im *Credo* zustimmen, ist: Der Heilige Geist ist »Kyrios«, Herr. Das bedeutet, dass er wirklich Gott ist, wie der Vater und der Sohn es sind, dass ihm unsererseits dieselbe Anbetung und Verherrlichung zukommt wie dem Vater und dem Sohn. Denn der Heilige Geist ist die dritte Person der heiligsten Dreifaltigkeit; er ist die große Gabe des auferstandenen Christus, der unseren Verstand und unser Herz für den Glauben an Jesus als den vom Vater gesandten Sohn öffnet, der uns zur Freundschaft, zur Gemeinschaft mit Gott führt.

Ich möchte aber vor allem bei der Tatsache verweilen, dass der Heilige Geist die unerschöpfliche Quelle des Lebens Gottes in uns ist. Der Mensch aller Orte und Zeiten sehnt sich nach einem erfüllten und schönen, gerechten und guten Leben, nach einem Leben, das nicht vom Tod bedroht ist, sondern das bis zu seiner Fülle reifen und wachsen kann. Der Mensch ist wie ein Wanderer, der die Wüsten des Lebens durchquert und nach lebendigem, sprudelndem und frischem Wasser dürstet, das in der Lage ist, sein tiefes Verlangen nach Licht, nach Liebe, nach Schönheit und nach Frieden zu stillen. Alle verspüren wir dieses Verlangen! Und Jesus schenkt uns dieses lebendige Wasser: Es ist der Heilige Geist, der aus dem Vater hervorgeht und den Jesus in unsere Herzen ausgießt. »Ich bin gekommen, damit sie das Leben haben und es in Fülle haben«, sagt uns Jesus (Joh 10,10).

(Generalaudienz, 8.5.2013)

Jesus verspricht der Samariterin, allen in Überfülle und für immer (vgl. Joh 4,5–26; 3,17) »lebendiges Wasser« zu schenken, die ihn als den Sohn erkennen, der vom Vater gesandt ist, um uns zu retten. Jesus ist gekommen, um uns dieses »lebendige Wasser« zu schenken, das der Heilige Geist ist, damit unser Leben von Gott geleitet wird, von Gott beseelt wird, von Gott genährt wird. Wenn wir sagen, dass der Christ ein geistlicher Mensch ist, dann meinen wir genau das: Der Christ ist eine Person, die gottgemäß, dem Heiligen Geist gemäß denkt und handelt. Ich frage mich jedoch: Und wir, denken wir gottgemäß, handeln wir gottgemäß? Oder lassen wir uns von anderen Dingen leiten, die nicht wirklich Gott sind? Jeder von uns muss in der Tiefe seines Herzens darauf antworten.

An diesem Punkt können wir uns fragen: Warum kann dieses Wasser unseren Durst bis ins Tiefste stillen? Wir wissen, dass das Wasser wesentlich ist für das Leben; ohne Wasser stirbt man; es stillt den Durst, reinigt, macht die Erde fruchtbar. Im Brief an die Römer finden wir dieses Wort: »Die Liebe Gottes ist ausgegossen in unsere Herzen durch den Heiligen Geist, der uns gegeben ist.« Das »lebendige Wasser«, der Heilige Geist, Gabe des Auferstandenen, der in uns seine Wohnung nimmt, reinigt uns, erleuchtet uns, erneuert uns, verwandelt uns, denn es schenkt uns Anteil am Leben Gottes, der die Liebe ist. Daher sagt der Apostel Paulus, dass das Leben des Christen vom Heiligen Geist und seinen Früchten beseelt ist: »Liebe, Freude, Friede, Langmut, Freundlichkeit, Güte, Treue, Sanftmut und Selbstbeherrschung« (Gal 5,22–23). Der Heilige Geist führt uns in das göttliche Leben ein als »Söhne im eingeborenen Sohn«. In einem anderen Abschnitt des Briefes an die Römer, den wir mehrmals in Erinnerung gerufen haben, fasst der heilige Paulus dies mit den folgenden Worten zusammen: »Denn alle, die sich vom Geist Gottes leiten lassen, sind Söhne Gottes. Denn ihr ... habt den Geist empfangen, der euch zu Söhnen macht, den Geist, in dem wir rufen: Abba, Vater! So bezeugt der Geist selber unserem Geist, dass wir Kinder Gottes sind. Sind wir aber Kinder, dann auch Erben; wir sind Erben Gottes und sind Miterben Christi, wenn wir mit ihm leiden, um mit ihm auch verherrlicht zu werden « (8,14–17). Das ist die kostbare Gabe, die der Heilige Geist in unsere Herzen bringt: das Leben Gottes, das Leben wahrer Kinder, ein Verhältnis der Vertrautheit, der Freiheit und des Vertrauens auf die Liebe und auf die Barmherzigkeit Gottes, das als Auswirkung auch einen neuen Blick auf die anderen hat, die Nahen und die Fernen, die stets als Brüder und Schwestern in Jesus gesehen werden, die geachtet und geliebt werden müssen.

(Generalaudienz, 8.5.2013)

Der Heilige Geist lehrt uns, mit den Augen Christi zu schauen, das Leben zu leben, wie Christus es gelebt hat; das Leben so zu verstehen, wie Christus es verstanden hat. Daher stillt das lebendige Wasser, das der Heilige Geist ist, den Durst unseres Lebens, weil es uns sagt, dass wir von Gott als Kinder geliebt werden, dass wir Gott als seine Kinder lieben können und dass wir mit seiner Gnade als Kinder Gottes leben können, wie Jesus. Und wir, hören wir auf den Heiligen Geist? Was sagt uns der Heilige Geist? Er sagt: Gott liebt dich. Das sagt er uns. Gott liebt dich, Gott hat dich lieb. Lieben wir Gott und die anderen wirklich, wie Jesus? Lassen wir uns vom Heiligen Geist leiten, lassen wir ihn zu unserem Herzen sprechen und ihn dies zu uns sagen: dass Gott die Liebe ist, dass Gott auf uns wartet, dass Gott der Vater ist, dass er uns liebt wie ein echter Vater, dass er uns wirklich liebt. Und das sagt nur der Heilige Geist dem Herzen. Hören wir den Heiligen Geist, hören wir auf den Heiligen Geist, und gehen wir voran auf diesem Weg der Liebe, der Barmherzigkeit und der Vergebung.

(Generalaudienz, 8.5.2013)

Was an Pfingsten geschah

Der Evangelist führt uns nach Jerusalem, in das Obergemach des Hauses, in dem die Apostel versammelt sind. Das erste Element, das unsere Aufmerksamkeit auf sich zieht, ist das

Brausen, das plötzlich vom Himmel her kommt, »wie wenn ein heftiger Sturm daherfährt«, und das Haus erfüllt; und dann die »Zungen wie von Feuer«, die sich verteilten und sich auf jeden der Apostel niederließen. Das Brausen und die Feuerzungen sind deutliche und konkrete Zeichen, welche die Apostel nicht nur von außen, sondern auch in ihrem Innern anrühren: im Geist und im Herzen. Die Folge ist, dass »alle mit dem Heiligen Geist erfüllt« wurden, der seine unwiderstehliche Dynamik entfaltet, mit überraschenden Ergebnissen: Sie »begannen, in fremden Sprachen zu reden, wie es der Geist ihnen eingab«. Und dann eröffnet sich uns ein völlig unerwartetes Bild: Eine große Menschenmenge strömt zusammen und ist völlig verwundert, denn jeder hört die Apostel in seiner eigenen Sprache reden. Alle machen eine nie dagewesene neue Erfahrung: »Wir hören sie in unseren Sprachen« reden. Und wovon sprechen sie? Sie verkünden »Gottes große Taten«.

(Predigt am Pfingstsonntag, 19.5.2013)

Oft folgen wir ihm (d. h. Gott), nehmen ihn an, aber nur bis zu einem gewissen Punkt. Es fällt uns schwer, uns in vollem Vertrauen ihm hinzugeben und zuzulassen, dass der Heilige Geist die Seele unseres Lebens ist und die Führung über all unsere Entscheidungen übernimmt. Wir haben Angst, Gott könne uns neue Wege gehen lassen, uns herausführen aus unserem oft begrenzten, geschlossenen, egoistischen Horizont, um uns für seine Horizonte zu öffnen. Doch in der gesamten Heilsgeschichte ist es so: Wenn Gott sich offenbart, bringt er Neues – Gott bringt immer Neues –, verwandelt und verlangt, dass man ihm völlig vertraut: Noach baut eine von allen belächelte Arche und wird gerettet; Abraham verlässt sein Land und hat nichts in der Hand als eine Verheißung; Mose nimmt es mit der Macht des Pharao auf und führt das Volk in die Freiheit; die Apostel, die furchtsam im Abendmahlssaal eingeschlossen waren, gehen mutig hinaus, um das Evangelium zu verkünden. Es ist nicht die Neuheit um der Neuheit willen, die Suche nach dem Neuen, um die Langeweile zu überwinden, wie es in unserer Zeit häufig geschieht. Die Neuheit, die Gott in unser Leben bringt, ist das, was uns tatsächlich verwirklicht, das, was uns die wahre Freude schenkt, die wahre Gelassenheit, denn Gott liebt uns und will nur unser Bestes.

Fragen wir uns heute: Sind wir offen für die »Überraschungen Gottes«? Oder verschließen wir uns ängstlich vor der Neuheit des Heiligen Geistes? Sind wir mutig, die neuen Wege zu beschreiten, die die Neuheit Gottes uns anbietet, oder verteidigen wir uns, eingeschlossen in vergängliche Strukturen, die ihre Aufnahmefähigkeit verloren haben? Es wird uns gut tun, diese Fragen im Tagesverlauf immer vor Augen zu haben.

(Predigt am Pfingstsonntag, 19.5.2013)

Dem Anschein nach schafft der Heilige Geist Unordnung in der Kirche, weil er die Unterschiedlichkeit der Charismen, der Gaben bringt, doch unter seinem Wirken ist all das ein großer Reichtum, denn der Heilige Geist ist der Geist der Einheit, was nicht Einförmigkeit bedeutet, sondern eine Rückführung von allem in die *Harmonie*. Die Harmonie bewirkt in der Kirche der Heilige Geist. Einer der Kirchenväter verwendet einen Ausdruck, der mir sehr gefällt: Der Heilige Geist »*ipse harmonia est*« – ist selbst die Harmonie. Nur er kann die Unterschiedlichkeit, die Pluralität, die Vielfalt erwecken und zugleich die Einheit bewirken. Auch hier gilt: Wenn wir selbst die Verschiedenheit schaffen wollen und uns in unseren Parteilichkeiten, in unseren Ausschließlichkeiten verschließen, führen wir in die Spaltung; und wenn wir selbst nach unseren menschlichen Plänen die Einheit herstellen wollen, schaffen wir letztlich die Einförmigkeit, die Schematisierung. Wenn wir uns hingegen vom Geist leiten lassen, führen Reichtum, Vielfältigkeit, Unterschiedlichkeit nie zum Konflikt, denn er bringt uns dazu, die Vielfältigkeit im Miteinander der Kirche zu leben. Das gemeinsame Unterwegssein in der Kirche unter der Führung der Hirten, die ein spezielles Charisma und Amt haben, ist ein Zeichen für das Wirken des Heiligen Geistes ... Fragen wir uns also: Bin ich offen für die Harmonie des Heiligen Geistes, indem ich jegliche Ausschließlichkeit überwinde? Lasse ich mich von ihm leiten, indem ich in und mit der Kirche lebe?

(Predigt am Pfingstsonntag, 19.5.2013)

Die Theologen der frühen Kirche sagten: Die Seele ist eine Art Segelboot; der Heilige Geist ist der Wind, der in das Segel bläst, um das Boot voranzutreiben; die Triebkraft und der Schub des Windes sind die Gaben des Geistes. Ohne seinen Antrieb, ohne seine Gnade kommen wir nicht voran. Der Heilige Geist lässt uns in das Geheimnis des lebendigen Gottes eintreten und bewahrt uns vor der Gefahr einer gnostischen und einer selbstbezogenen, in ihr Gehege eingeschlossenen Kirche; er drängt uns, die Türen zu öffnen, um hinauszugehen, um das gute Leben des Evangeliums zu verkünden und zu bezeugen, um die Freude des Glaubens, der Begegnung mit Christus zu übertragen.

Der Heilige Geist ist die Seele der *Mission*. Was in Jerusalem vor fast zweitausend Jahren geschah, ist kein weit von uns entferntes Ereignis, es ist etwas, das uns einholt, das in jedem von uns zur lebendigen Erfahrung wird. Das Pfingstereignis im Abendmahlssaal von Jerusalem ist der Anfang, ein Anfang, der sich über die Zeit hinzieht. Der Heilige Geist ist die Gabe schlechthin, die der auferstandene Christus seinen Aposteln schenkt, aber er möchte, dass sie sie alle erreicht. Wie wir im Evangelium gehört haben, sagt Jesus: »Ich werde den Vater bitten, und er wird euch einen anderen Beistand geben, der für immer bei euch bleiben soll« (Joh 14,16). Es ist der Paraklet, der »Tröster«, der den Mut schenkt, die Straßen der Welt zu durchwandern und das Evangelium zu überbringen! Der Heilige Geist lässt uns den Horizont erblicken und drängt uns bis an die Peripherien des Seins, um das Leben Jesu Christi zu verkünden. Fragen wir uns, ob wir dazu neigen, uns in uns selbst, in unserer Gruppe zu verschließen, oder ob wir zulassen, dass der Heilige Geist uns für die Mission öffnet.

(Predigt am Pfingstsonntag, 19.5.2013)

Jene Ausgießung (des Heiligen Geistes am Pfingsttag in Jerusalem), wenn sie auch außergewöhnlich war, blieb nicht die einzige und sie blieb nicht auf jenen Augenblick beschränkt, sondern sie ist ein Ereignis, das sich wiederholt hat und sich auch weiterhin wiederholt. Der zur Rechten des Vaters verherrlichte Christus verwirklicht weiterhin seine Verheißung, indem er den lebendig machenden Geist auf die Kirche herabsendet, der uns lehrt und uns erinnert und uns sprechen lässt. Der Heilige Geist lehrt uns: er ist der innere Lehrmeister. Er führt uns in den Situationen des Lebens auf den rechten Weg. Er zeigt uns den Weg. In der Frühzeit der Kirche wurde das Christentum »der Weg« (vgl. Apg 9,2) genannt, und Jesus selbst ist der Weg. Der Heilige Geist lehrt uns, ihm zu folgen, auf seinen Spuren zu gehen. Mehr als ein Lehrmeister der Doktrin ist der Heilige Geist ein Lehrmeister des Lebens. Auch Wissen und Kenntnis sind sicherlich Teil des Lebens, aber eingefügt in den weiteren, harmonischen Horizont der christlichen Existenz.

(Predigt an Pfingsten, 8.6.2014)

Das Wirken des Heiligen Geistes

Wenn wir den Heiligen Geist in unserem Herzen empfangen und ihn handeln lassen, dann wird Christus selbst in uns gegenwärtig und nimmt in unserem Leben Gestalt an. Durch uns wird Christus selbst beten, vergeben, Hoffnung und Trost schenken, den Brüdern dienen, den Notleidenden und den Geringsten nahe sein, Gemeinschaft herstellen, Frieden stiften. Denkt darüber nach, wie wichtig das ist: Durch den Heiligen Geist kommt Christus selbst, um all das unter uns und für uns zu tun. Darum ist es wichtig, dass die Kinder und die Jugendlichen das Sakrament der Firmung empfangen.

(Generalaudienz, 29.1.2014)

Jesus selbst sagt zu den Jüngern: Der Heilige Geist »wird euch in die ganze Wahrheit führen« (Joh 16,13), da er »der Geist der Wahrheit« ist (vgl. Joh 14,17; 15,26; 16,13). Wir leben in einer Zeit, in der man gegenüber der Wahrheit ziemlich skeptisch ist ... Es kommt die Frage auf: Gibt es »die« Wahrheit wirklich? Was ist »die« Wahrheit? Können wir sie erkennen? Können wir sie finden? Hier kommt mir die Frage des römischen Statthalters Pontius Pilatus in den Sinn, als Jesus ihm den tiefen Sinn seiner Sendung offenbart: »Was ist Wahrheit?« (Joh 18,37.38). Pilatus kann nicht verstehen, dass »die« Wahrheit vor ihm steht, er kann in Jesus nicht das Antlitz der Wahrheit sehen, das Antlitz Gottes. Und dennoch ist Jesus genau das: Die Wahrheit, die in der Fülle der Zeit »Fleisch geworden« ist (Joh 1,14), ist zu uns gekommen, damit wir sie erkennen. Die Wahrheit begreift man nicht wie eine Sache, der Wahrheit begegnet man. Sie ist kein Besitz, sie ist eine Begegnung mit einer Person.

Wer aber lässt uns erkennen, dass Jesus »das« Wort der Wahrheit ist, der eingeborene Sohn Gottes, des Vaters? Der heilige Paulus lehrt: »Keiner kann sagen: Jesus ist der Herr!, wenn er nicht aus dem Heiligen Geist redet« (1 Kor 12,3). Der Heilige Geist, die Gabe des auferstandenen Herrn, lässt uns die Wahrheit erkennen. Jesus bezeichnet ihn als den »Parakleten«, also als denjenigen, der »uns zu Hilfe kommt«, der uns zur Seite steht, um uns auf diesem Weg der Erkenntnis zu stützen; und beim Letzten Abendmahl versichert Jesus den Jüngern, dass der Heilige Geist sie alles lehren und sie an seine Worte erinnern wird (vgl. Joh 14,26).

Wie also wirkt der Heilige Geist in unserem Leben und im Leben der Kirche, um uns zur Wahrheit zu führen? Vor allem erinnert er an die Worte, die Jesus gesagt hat, und prägt sie in die Herzen der Gläubigen ein, und eben durch diese Worte wird Gottes Gesetz – wie die Propheten des Altes Testaments angekündigt hatten – in unser Herz eingeschrieben und wird in uns zum Beurteilungsprinzip in den Entscheidungen und zur Leitlinie im täglichen Handeln, wird es zum Lebensprinzip.

(Generalaudienz, 15.5.2013)

Versuchen wir, uns zu fragen: Bin ich offen für das Wirken des Heiligen Geistes, bete ich zu ihm, auf dass er mir Licht schenke, mich empfänglicher mache für die Dinge Gottes? Dieses Gebet müssen wir jeden Tag sprechen: »Heiliger Geist, lass mein Herz offen sein für das Wort Gottes, lass mein Herz offen sein für das Gute, lass mein Herz jeden Tag offen sein für die Schönheit Gottes.« Ich möchte allen eine Frage stellen: Wie viele von euch beten täglich zum Heiligen Geist? Es werden wenige sein, aber wir müssen diesen Wunsch Jesu erfüllen und jeden Tag zum Heiligen Geist beten, auf dass er uns das Herz für Jesus öffnen möge. Denken wir an Maria: Sie »bewahrte alles, was geschehen war, in ihrem Herzen und dachte darüber nach« (Lk 2,19.51). Die Annahme der Worte und der Wahrheiten des Glaubens verwirklicht sich und wächst, damit diese Leben werden, unter dem Wirken des Heiligen Geistes. In diesem Sinne müssen wir von Maria lernen, müssen ihr »Ja« erneut leben, ihre völlige Bereitschaft, den Sohn Gottes in ihr Leben aufzunehmen, das von jenem Augenblick an verwandelt wird.

(Generalaudienz, 15.5.2013)

Durch den Heiligen Geist nehmen der Vater und der Sohn in uns Wohnung: Wir leben in Gott und aus Gott. Aber ist unser Leben wirklich von Gott beseelt? Wie viele Dinge ziehe ich Gott vor?

Liebe Brüder und Schwestern, wir müssen uns vom Licht des Heiligen Geistes durchfluten lassen, damit er uns in die Wahrheit Gottes führt, der der einzige Herr unseres Lebens ist. (Wir) wollen uns fragen, ob wir irgendeinen konkreten Schritt getan haben, um Christus und die Glaubenswahrheiten besser kennenzulernen, indem wir die Heilige Schrift lesen und betrachten, den Katechismus studieren, regelmäßig die Sakramente empfangen. Gleichzeitig wollen wir uns jedoch fragen, welche Schritte wir tun, damit der Glaube unserem ganzen Dasein Orientierung gebe. Christ ist man nicht »auf Zeit«, nur in einigen Augenblicken, unter einigen Umständen, bei einigen Entscheidungen.

So kann man nicht Christ sein, Christ ist man in jedem Augenblick! Ganz! Die Wahrheit Christi, die der Heilige Geist uns lehrt und schenkt, betrifft unser tägliches Leben für immer und in vollem Umfang. Wir wollen öfter zu ihm beten, damit er uns auf dem Weg der Jünger Christi leite. Wir wollen jeden Tag zu ihm beten. Ich mache euch diesen Vorschlag: Beten wir jeden Tag zum Heiligen Geist, so wird der Heilige Geist uns Christus näherbringen.

(Generalaudienz, 15.5.2013)

➤ Bin ich »in jedem Augenblick« Christ? Oder eher part-time?

Über den Heiligen Geist in Heiligen Land

Hier befinden wir uns nicht weit von dem Ort, an dem der Heilige Geist machtvoll auf Jesus von Nazaret herabkam, nachdem Johannes ihn im Jordan getauft hatte (vgl. Mt 3,16), und heute werde ich mich dorthin begeben. Das Evangelium dieses Sonntags und auch dieser Ort, an dem ich mich, Gott sei Dank, als Pilger befinde, laden uns daher ein, über den Heiligen Geist nachzudenken, über das, was er in Christus und in uns vollbringt und was wir so zusammenfassen können: Der Geist vollzieht drei Handlungen: Er *bereitet vor*, er *salbt* und er *sendet aus*.

Im Augenblick der Taufe lässt der Geist sich auf Jesus nieder, um ihn auf seine Heilssendung *vorzubereiten* – eine Sendung, die durch den Stil des demütigen und gütigen Knechtes gekennzeichnet ist, der bereit ist zum Teilen und zur völligen Hingabe seiner selbst. Doch der Heilige Geist, der seit Anbeginn der Heilsgeschichte zugegen ist, hatte in Jesus schon im Moment seiner Empfängnis im jungfräulichen Schoß Marias von Nazaret gewirkt, als er das wunderbare Ereignis der Menschwerdung verwirklichte: »Der Heilige Geist wird dich erfüllen, dich überschatten«, sagt der Engel zu Maria, »und du wirst einen Sohn gebären, dem sollst du den Namen Jesus geben« (vgl. Lk 1,35). Später hatte der Geist am Tag der Darstellung Jesu im Tempel in Simeon und Hanna gewirkt (vgl. Lk 2,22). Beide in Erwartung des Messias, beide vom Heiligen Geist inspiriert, erfassen Simeon und Hanna beim Anblick des Knaben intuitiv, dass er genau der vom ganzen Volk Erwartete ist. Im prophetischen Verhalten der beiden ehrwürdigen Greise kommt die Freude der Begegnung mit dem Erlöser zum Ausdruck und vollzieht sich in gewisser Weise eine *Vorbereitung* der Begegnung zwischen dem Messias und dem Volk.

Die verschiedenen Momente des Wirkens des Heiligen Geistes sind Teil eines harmonischen Tuns, eines einzigen göttlichen Plans der Liebe. Die Sendung des Heiligen Geistes besteht nämlich darin, *Harmonie zu schaffen* – er selbst ist Harmonie – und in den verschiedenen Zusammenhängen sowie unter unterschiedlichen Personen *Frieden zu stiften*. Die Verschiedenheit der Menschen und des Denkens darf nicht Ablehnung und Hindernisse auslösen, denn die Vielfalt ist immer eine Bereicherung. Rufen wir darum heute mit brennendem Herzen den Heiligen Geist an, und bitten wir ihn, den Weg des Friedens und der Einheit *vorzubereiten*.

Zweitens, der Heilige Geist *salbt*. Er hat Jesus innerlich gesalbt, und er salbt die Jünger, damit sie die gleiche Gesinnung wie Jesus haben und so in ihrem Leben Verhaltensweisen annehmen können, die den Frieden und die Gemeinschaft fördern. Mit der Salbung des Geistes wird unser Menschsein von der Heiligkeit Jesu Christi geprägt und macht uns fähig, die Mitmenschen mit derselben Liebe zu lieben, mit der Gott uns liebt. Darum ist es nötig, Zeichen der Demut, der Brüderlichkeit, der Vergebung und der Versöhnung zu setzen. Diese Zeichen sind Voraussetzung und Bedingung für einen wahren, beständigen und dauerhaften Frieden. Bitten wir Gott, uns zu salben, damit wir ganz seine Kinder und Christus immer ähnlicher werden, um uns alle als Brüder und Schwestern zu fühlen, so Groll und Spaltungen aus unserer Mitte zu entfernen und uns brüderlich zu lieben. Das ist es, was Jesus im Evangelium von uns verlangt hat: »Wenn ihr mich liebt, werdet ihr meine Gebote halten. Und ich werde den Vater bitten, und er wird euch einen anderen Beistand geben, der für immer bei euch bleiben soll« (Joh 14,15–16).

Und schließlich *sendet* der Heilige Geist *aus*. Jesus ist der Gesandte, erfüllt vom Geist des Vaters. Vom gleichen Geist gesalbt, sind auch wir *ausgesandt* als Boten und Zeugen des Friedens. Wie sehr braucht die Welt uns als Boten des Friedens, als Zeugen des Friedens! Das ist ein Bedürfnis, das die Welt hat. Auch die Welt bittet uns, das zu tun: den Frieden zu bringen, den Frieden zu bezeugen! ...

Liebe Freunde, liebe Brüder und Schwestern, der Heilige Geist ist am Jordan auf Jesus herabgekommen und hat den Anstoß zu seinem Werk der Erlösung gegeben, um die Welt von Sünde und Tod zu befreien. Ihn bitten wir, unsere Herzen auf die Begegnung mit den Mitmenschen jenseits der Unterschiede von Ansichten, Sprache, Kultur und Religion *vorzubereiten*; unser ganzes Sein mit dem Öl seiner Barmherzigkeit zu *salben*, das die Wunden der Fehler, der Verständnislosigkeiten und der Streitigkeiten heilt; und wir bitten ihn um die Gnade, uns demütig und gütig *auszusenden* auf die anspruchsvollen, aber fruchtbaren Pfade der Suche nach dem Frieden.

(Predigt in Amman/Jordanien, 24.5.2014)

... die heilige, katholische Kirche

Zu wohl keinem anderen Artikel des Glaubensbekenntnisses gibt es so viele Aussagen von Papst Franziskus wie zum Thema Kirche. Das liegt vor allem daran, dass er darüber mehrere Monate lang bei seinen Mittwochs-Generalaudienzen Katechesen gehalten hat. Einer Journalistin, die ihn bei einer Pressekonferenz gewissermaßen aufs Glatteis führen wollte, sagte der Papst einmal: »Ich bin ein Sohn der Kirche!« (Rückflug von Rio nach Rom, 28.7.2013).

Hier, wo Jesus mit den Aposteln das Letzte Abendmahl einnahm, wo er, auferstanden, in ihrer Mitte erschien, wo der Heilige Geist mit Macht auf Maria und die Jünger herabkam, hier ist die Kirche geboren, und sie ist *im Aufbruch* geboren. Von hier ist sie *ausgegangen,* das gebrochene Brot in den Händen, die Wunden Jesu vor Augen und den Geist der Liebe im Herzen …

Der Abendmahlssaal erinnert uns an die Geburt der *neuen Familie,* der Kirche, unserer heiligen Mutter Kirche, die hierarchisch ist und vom auferstandenen Jesus gegründet wurde …

Das ist der Horizont des Abendmahlssaals: der Horizont des Auferstandenen und der Kirche. Von hier geht die Kirche im Aufbruch aus, belebt vom Lebenshauch des Geistes. Indem sie zusammen mit der Mutter Jesu im Gebet verharrt, lebt sie immer wieder in der Erwartung einer erneuten Ausgießung des Heiligen Geistes: Dein Geist, o Herr, komme herab und erneuere das Antlitz der Erde (vgl. Ps 104,30)!

(Predigt im Abendmahlssaal in Jerusalem, 26.5.2014)

Die folgenden Zitate sind Auszüge aus Katechesen des Papstes zum Thema Kirche bei Mittwochs-Generalaudienzen in Rom.

Unsere Mutter, unsere Familie

Über die Kirche zu sprechen bedeutet, über unsere Mutter, über unsere Familie zu sprechen. Denn die Kirche ist keine Institution, die zu ihrem eigenen Nutzen erschaffen wurde, und auch kein privater Verein, keine Nicht-Regierungsorganisation, und schon gar nicht darf man den Blick auf den Klerus oder auf den Vatikan beschränken …

»Die Kirche meint ...« Die Kirche sind wir doch alle! »Von wem sprichst du?« »Von den Priestern, oder?« Ja, die Priester gehören zur Kirche, aber die Kirche sind wir alle! Man darf sie nicht auf die Priester, auf die Bischöfe, auf den Vatikan beschränken ... Sie gehören zur Kirche, aber die Kirche sind wir alle. Wir sind alle eine Familie, alle von der einen Mutter. Und die Kirche ist eine sehr viel umfassendere Wirklichkeit, die sich zur ganzen Menschheit hin öffnet und die nicht in einem Labor entstanden ist, die nicht von selbst entstanden ist. Sie ist von Jesus gegründet worden, aber sie ist ein Volk, das eine lange Geschichte hat und dessen Vorbereitung schon lange vor Christus selbst begonnen hat. Diese Geschichte oder »Vorgeschichte« der Kirche findet sich bereits im Alten Testament ...

Gott ergreift die Initiative und richtet sein Wort an den Menschen, stellt zu ihm eine Bindung und eine neue Beziehung her. »Aber Vater, wie geht das? Gott spricht mit uns?« »Ja.« »Und wir können mit Gott sprechen?« »Ja.« »Können wir denn mit Gott ein Gespräch führen?« »Ja.« Das nennt man Gebet, aber Gott hat es von Anfang an getan. So bildet Gott ein Volk mit allen, die sein Wort hören und sich im Vertrauen auf ihn auf den Weg machen. Das ist die einzige Bedingung: Gott vertrauen. Wenn du Gott vertraust, hörst du auf ihn und machst dich auf den Weg. Das bedeutet, Kirche zu schaffen ...

(Generalaudienz, 18.6.2014)

Wir sind nicht isoliert, und wir sind keine individuellen Christen, jeder für sich, nein; unsere christliche Identität ist Zugehörigkeit! Wir sind Christen, weil wir zur Kirche gehören. Es ist wie ein Nachname: Wenn der Name lautet »Ich bin Christ«, so lautet der Nachname »Ich gehöre zur Kirche«. Es ist sehr schön zu sehen, dass diese Zugehörigkeit auch in dem Namen zum Ausdruck kommt, den Gott sich selbst gibt. In seiner Antwort an Mose, im wunderschönen Bericht vom »brennenden Dornbusch« (vgl. Ex 3,15), bezeichnet er sich nämlich als »der Gott eurer Väter«. Er sagt nicht: Ich bin der Allmächtige ..., nein: »Ich bin der Gott Abrahams, der Gott Isaaks, der Gott Jakobs.« Auf diese Weise offenbart er sich als der Gott, der mit unseren Vätern einen Bund geschlossen hat und der seinem Pakt immer treu bleibt und uns auffordert, einzutreten in diese Beziehung, die uns vorausgeht. Diese Beziehung Gottes mit seinem Volk geht uns allen voraus, kommt aus jener Zeit.

(Generalaudienz, 25.6.2014)

Keiner wird Christ aus sich heraus. Christen werden nicht im Labor hergestellt. Der Christ ist Teil eines Volkes, das aus der Ferne kommt. Der Christ gehört einem Volk an, das Kirche heißt, und diese Kirche macht ihn zum Christen, am Tag der Taufe, und dann im Laufe der Katechese, und so weiter. Aber keiner, keiner wird Christ aus sich heraus. Wenn wir glauben, wenn wir beten können, wenn wir den Herrn erkennen und sein Wort hören können, wenn wir spüren, dass er nahe ist, und ihn in den Brüdern erkennen, dann, weil andere vor uns den Glauben gelebt und ihn dann an uns weitergegeben haben.

(Generalaudienz, 25.6.2014)

Ich erinnere mich immer an das Gesicht der Ordensschwester, die mich den Katechismus gelehrt hat, immer kommt sie mir in den Sinn – sie ist sicher im Himmel, weil sie eine heilige Frau ist –, aber ich erinnere mich immer an sie und danke Gott für diese Ordensschwester. Oder das Gesicht des Pfarrers, eines anderen Priesters oder einer Ordensschwester, eines Katecheten, der uns den Glaubensinhalt weitergegeben und dafür gesorgt hat, dass wir als Christen wachsen ... Das ist die Kirche: Sie ist eine große Familie, in der man angenommen wird und lernt, als Gläubige und als Jünger des Herrn Jesus zu leben ... In der Kirche gibt es kein »Selbermachen«, gibt es keine »Einzelkämpfer«.

(Generalaudienz, 25.6.2014)

➤ Gibt es Menschen, die die Kirche für mich zur Familie machen?

Mutter Kirche

Unser Glaube ist keine abstrakte Lehre oder eine Philosophie, sondern er ist die lebendige und volle Beziehung zu einer Person: zu Jesus Christus, dem eingeborenen Sohn Gottes, der Mensch geworden, gestorben und auferstanden ist, um uns zu retten, und der in unserer Mitte lebendig ist. Wo können wir ihm begegnen? Wir begegnen ihm in der Kirche, in unserer heiligen hierarchischen Mutter Kirche. Es ist die Kirche, die heute sagt: »Seht das Lamm Gottes«; die Kirche ist es, die ihn verkündet; in der Kirche führt Jesus sein gnadenvolles Handeln in den Sakramenten fort.

Dieses Tun und diese Sendung der Kirche drückt ihre *Mutterschaft* aus. In der Tat ist sie wie eine Mutter, die Jesus mit zärtlicher Liebe hütet und ihn freudig und großherzig allen schenkt. Keine Offenbarung Christi, auch nicht eine

... die heilige, katholische Kirche   141

noch so mystische, kann je vom Leib und Blut der Kirche, von der geschichtlichen Konkretheit des Leibes Christi losgelöst werden. Ohne die Kirche wird Jesus schließlich auf eine Idee, auf eine Moral, auf ein Gefühl reduziert. Ohne die Kirche wäre unsere Beziehung zu Christus unserer Fantasie, unseren Interpretationen, unseren Launen preisgegeben.

Liebe Brüder und Schwestern! *Jesus Christus ist der Segen* für jeden Menschen und für die gesamte Menschheit. Indem die Kirche uns Jesus schenkt, bietet sie uns die Fülle des Segens des Herrn. Genau das ist die Sendung des Gottesvolkes: über alle Völker den in Jesus Christus menschgewordenen Segen Gottes auszustrahlen. Und Maria, die erste und vollkommene Jüngerin Jesu, die erste und vollkommene Glaubende, das Vorbild der pilgernden Kirche, ist diejenige, die diesen Weg der *Mutterschaft der Kirche* eröffnet und stets ihre mütterliche, an alle Menschen gerichtete Sendung unterstützt. Ihr taktvolles und mütterliches Zeugnis begleitet die Kirche von Anfang an. Sie, die Mutter Gottes, ist auch Mutter der Kirche, und durch die Kirche ist sie Mutter aller Menschen und aller Völker.

Möge diese liebenswürdige und fürsorgliche Mutter uns den Segen des Herrn für die gesamte Menschheitsfamilie erlangen.

(Predigt, 1.1.2015)

Die Kirche ist Mutter. Denn die Geburt Jesu im Schoß Marias ist Auftakt der Geburt eines jeden Christen im Schoß der Kirche, da Christus der Erstgeborene von vielen Brüdern ist (vgl. Röm 8,29). Und unser erster Bruder, Jesus, ist von Maria geboren; er ist das Vorbild, und wir alle sind in der Kirche geboren. Von daher verstehen wir, dass die Beziehung, die Maria mit der Kirche verbindet, ganz tief ist: Wenn wir auf Maria schauen, entdecken wir das schönste und zärtlichste Antlitz der Kirche; und wenn wir auf die Kirche schauen, erkennen wir die erhabenen Züge Marias. Wir Christen sind keine Waisen, wir haben eine liebevolle Mutter, wir haben eine Mutter, und das ist großartig! Wir sind keine Waisen! Die Kirche ist Mutter. Maria ist Mutter. Die Kirche ist unsere Mutter, weil sie uns in der Taufe geboren hat. Jedes Mal, wenn wir ein Kind taufen, wird es zum Kind der Kirche, wird es in die Kirche hineingenommen. Und von jenem Tag an lässt sie uns als fürsorgliche Mutter im Glauben wachsen, weist uns in der Kraft des Wortes Gottes den Weg des Heils und schützt uns vor dem Bösen.

(Generalaudienz, 3.9.2014)

Die Kirche verhält sich wie Jesus. Sie gibt keine theoretische Unterweisung über die Liebe, über die Barmherzigkeit. Sie verbreitet in der Welt keine Philosophie, keinen Weg der Weisheit … Gewiss, das Christentum ist auch all das, aber als Folge, als Rückwirkung. Die Mutter Kirche lehrt uns wie Jesus durch das Beispiel, und die Worte dienen dazu, die Bedeutung ihrer Gesten zu erhellen. Die Mutter Kirche lehrt uns, den Hungernden und Dürstenden zu essen und zu trinken zu geben, die Nackten zu bekleiden. Und wie tut sie es? Sie tut es durch das Beispiel vieler heiliger Männer und Frauen, die es auf vorbildliche Weise getan haben; aber sie tut es auch durch das Beispiel sehr vieler Väter und Mütter, die ihre Kinder lehren, dass das, was wir übrig haben, für jene bestimmt ist, denen das Notwendigste fehlt. Es ist wichtig, das zu wissen. In den einfachen christlichen Familien war die Regel der Gastfreundschaft stets heilig: Es fehlt nie ein Teller oder ein Bett für den, der es braucht.

(Generalaudienz, 10.9.2014)

Heilig und katholisch

Immer wenn wir unser Glaubensbekenntnis erneuern, indem wir das »Credo« sprechen, sagen wir, dass die Kirche »eine« und »heilig« ist. Sie ist »eine«, weil sie ihren Ursprung im dreifaltigen Gott hat, der ein Geheimnis der Einheit und der vollkommenen Gemeinschaft ist. Außerdem ist die Kirche heilig, da sie auf Jesus Christus gründet, durch seinen Heiligen Geist belebt wird, von seiner Liebe und seinem Heil erfüllt ist. Sie ist jedoch gleichzeitig heilig und besteht aus Sündern, uns allen, Sündern, die wir jeden Tag die Erfahrung unserer Schwachheit und unseres Elends machen. Dieser Glaube, den wir bekennen, drängt uns also zur Umkehr. Er spornt uns an, den Mut zu haben, täglich die Einheit und die Heiligkeit zu leben. Und wenn wir nicht vereint sind, wenn wir nicht heilig sind, dann weil wir Jesus nicht treu sind. Aber er, Jesus, lässt uns nicht allein, er verlässt seine Kirche nicht! Er geht mit uns, er versteht uns. Er versteht unsere Schwachheit, unsere Sünden, er vergibt uns – vorausgesetzt, dass wir uns vergeben lassen. Er ist stets bei uns und hilft uns, weniger Sünder zu sein, heiliger zu werden, vereinter zu sein.

(Generalaudienz, 27.8.2014)

In der anderen Diözese, die ich vorher hatte, habe ich einmal einen interessanten und schönen Kommentar gehört. Es war die Rede von einer alten Frau, die ihr ganzes Leben lang in der Pfarrgemeinde gearbeitet hatte, und eine Person, die sie gut kannte, hat gesagt: »Diese Frau hat nie jemanden schlecht gemacht, sie hat nie geklatscht, immer hat sie freundlich gelächelt.« Eine solche Frau kann morgen heiliggesprochen werden! Das ist ein schönes Vorbild. Und wenn wir auf die Kirchengeschichte blicken: Wie viele Spaltungen gibt es zwischen uns Christen. Auch jetzt sind wir gespalten. Auch in der Geschichte haben wir Christen gegeneinander Kriege geführt aufgrund von theologischen Entzweiungen. Denken wir an den Dreißigjährigen Krieg. Das ist aber nicht christlich ... Gott dagegen will, dass wir in der Fähigkeit wachsen, einander anzunehmen, einander zu vergeben und einander zu lieben, um ihm, der Gemeinschaft und Liebe ist, immer ähnlicher zu sein. Darin liegt die Heiligkeit der Kirche: sich selbst nach dem Bild Gottes wiederzuerkennen als erfüllt von seiner Barmherzigkeit und Gnade.

(Generalaudienz, 27.8.2014)

Wenn wir unseren Glauben bekennen, sagen wir, dass die Kirche »katholisch« und »apostolisch« ist ... »Katholisch« bedeutet »allgemein«, »universal«. Eine vollständige und klare Definition gibt uns einer der Kirchenväter der ersten Jahrhunderte, der heilige Cyrill von Jerusalem, indem er sagt: »Die Kirche heißt katholisch, weil sie auf dem ganzen Erdkreis, von dem einen Ende bis zum anderen, ausgebreitet ist, weil sie allgemein und ohne Unterlass all das lehrt, was der Mensch vom Sichtbaren und Unsichtbaren, vom Himmlischen und Irdischen wissen muss« (*Katechesen an die Täuflinge* XVIII, 23).

Ein offensichtliches Zeichen der Katholizität der Kirche ist, dass sie alle Sprachen spricht. Und das ist nichts anderes als die Auswirkung des Pfingstereignisses (vgl. Apg 2,1–13): Der Heilige Geist ist es nämlich, der den Aposteln und der ganzen Kirche die Fähigkeit verliehen hat, allen, bis an die Grenzen der Erde, die gute Nachricht vom Heil und von der Liebe Gottes zu verkünden.

Die Kirche war also von Anfang an katholisch, also »symphonisch«, und sie kann nicht anders sein als katholisch, ausgerichtet auf die Evangelisierung und auf die Begegnung mit allen. Das Wort Gottes wird heute in allen Sprachen gelesen; alle haben das Evangelium in ihrer eigenen Sprache, um es zu lesen.

(Generalaudienz, 27.9.2014)

Wenn die Kirche von Anfang an katholisch war, dann bedeutet das, dass sie von Anfang an »im Aufbruch« war, dass sie von Anfang an missionarisch war. Wenn die Apostel dort im Abendmahlssaal geblieben wären, ohne hinauszugehen, um das Evangelium zu verkünden, dann wäre die Kirche nur die Kirche jenes Volkes, jener Stadt, jenes Abendmahlssaales. Aber alle sind in die Welt hinausgegangen, von dem Augenblick an, in dem die Kirche entstanden ist, von dem Augenblick an, in dem der Heilige Geist auf sie herabgekommen ist. Und so war die Kirche von Anfang an »im Aufbruch«, also missionarisch.

Das bringen wir zum Ausdruck, wenn wir sie als »apostolisch« bezeichnen, denn der Apostel ist jener, der die gute

Nachricht von der Auferstehung Jesu bringt. Dieser Begriff erinnert uns daran, dass die Kirche, auf dem Fundament der Apostel gründet, in beständiger Verbindung zu ihnen – die Apostel sind hingegangen und haben neue Gemeinden gegründet, haben neue Bischöfe bestellt, in der ganzen Welt, kontinuierlich.

(Generalaudienz, 27.9.2014)

Was heißt es für unsere Gemeinschaften und für einen jeden von uns, zu einer Kirche zu gehören, die katholisch und apostolisch ist? Vor allem bedeutet es, sich das Heil der ganzen Menschheit zu Herzen zu nehmen, dem Schicksal vieler unserer Brüder nicht gleichgültig oder unbeteiligt gegenüberzustehen, sondern offen und solidarisch mit ihnen zu sein. Außerdem bedeutet es, sich der Fülle, der Vollkommenheit, der Harmonie des christlichen Lebens bewusst zu sein und parteiliche, einseitige Haltungen, die uns in uns selbst verschließen, stets zurückzuweisen.

Zur apostolischen Kirche zu gehören heißt, sich bewusst zu sein, dass unser Glaube in der Verkündigung und im Zeugnis der Apostel Jesu verankert ist – er ist dort verankert, von dort geht eine lange Kette aus –, und sich daher stets aufgefordert zu fühlen, gesandt zu fühlen, in Gemeinschaft mit den Nachfolgern der Apostel mit dem Herzen voll Freude Christus und seine Liebe zur ganzen Menschheit zu verkünden. Und hier möchte ich das heroische Leben vieler, vieler Missionare und Missionarinnen in Erinnerung rufen, die ihre Heimat verlassen haben, um hinzugehen und das Evangelium in anderen Ländern, in anderen Kontinenten zu verkünden. Ein brasilianischer Kardinal, der recht häufig in Amazonien arbeitet, sagte mir, dass er, wenn er in eine Gegend, in einen Ort oder in eine Stadt in Amazonien fährt, stets auf den Friedhof geht und dort die Gräber der Missionare sieht – Priester, Brüder, Schwestern, die hingegangen sind, um das Evangelium zu verkünden: Apostel. Und er denkt: Sie alle können jetzt heiliggesprochen werden, sie haben alles verlassen, um Jesus Christus zu verkündigen.

(Generalaudienz, 27.9.2014)

Christus ist das Vorbild der Kirche, denn die Kirche ist sein Leib. Er ist das Vorbild aller Christen, unser aller Vorbild. Wenn man auf Christus schaut, irrt man nicht. Im Evangelium nach Lukas wird berichtet, dass Jesus nach Nazaret zurückkehrte, wo er aufgewachsen war, und in die Synagoge ging. Dort las er den Abschnitt des Propheten Jesaja – und bezog ihn auf sich selbst –, in dem es heißt: »Der Geist des Herrn ruht auf mir; denn der Herr hat mich gesalbt. Er hat mich gesandt, damit ich den Armen eine gute Nachricht bringe; damit ich den Gefangenen die Entlassung verkünde und den Blinden das Augenlicht; damit ich die Zerschlagenen in Freiheit setze und ein Gnadenjahr des Herrn ausrufe« (4,18–19). So ist es: Wie Christus sich seiner Menschheit bedient hat – denn er war auch Mensch –, um den göttlichen Plan der Erlösung und des Heils umzusetzen – denn er war Gott –, so muss es auch für die Kirche sein. Durch ihre sichtbare Wirklichkeit, durch alles, was man sieht, die Sakramente und unser aller Zeugnis, das Zeugnis aller Christen, ist die Kirche jeden Tag aufgerufen, jedem Menschen nahe zu sein, angefangen bei jenen, die arm sind, die leiden und die ausgegrenzt sind, um auch weiterhin alle den mitleidsvollen und barmherzigen Blick Jesu spüren zu lassen.

(Generalaudienz, 29.10.2014)

Volk Gottes

Das Bild der Kirche, das mir gefällt, ist das des heiligen Volkes Gottes. Die Definition, die ich oft verwende, ist die der Konzilserklärung *Lumen gentium* in Nummer 12. Die Zugehörigkeit zu einem Volk hat einen großen theologischen Wert: Gott hat in der Heilsgeschichte ein Volk erlöst. Es gibt keine volle Identität ohne die Zugehörigkeit zu einem Volk. Niemand wird alleine gerettet, als isoliertes Individuum. Gott zieht uns an sich und betrachtet dabei die komplexen Gebilde der zwischenmenschlichen Beziehungen, die sich in der menschlichen Gesellschaft abspielen. Gott tritt in diese Volksdynamik ein. Das Volk ist das Subjekt. Und die Kirche ist das Volk Gottes auf dem Weg der Geschichte – mit seinen Freuden und Leiden. Fühlen mit der Kirche bedeutet für mich, in dieser Kirche zu sein. Und das Ganze der Gläubigen ist unfehlbar im Glauben. Es zeigt diese Unfehlbarkeit im Glauben durch den übernatürlichen Glaubenssinn des ganzen Volkes Gottes auf dem Weg. So verstehe ich heute das »Sentire cum ecclesia«, von dem der heilige Ignatius spricht. Wenn der Dialog der Gläubigen mit dem Bischof und dem Papst auf diesem Weg geht und loyal ist, dann hat er den Beistand des Heiligen Geistes. Es ist also kein Fühlen, das sich auf die Theologen bezieht ...

Wie behandeln wir das Volk Gottes? Ich träume von einer Kirche als Mutter und als Hirtin. Die Diener der Kirche müssen barmherzig sein, sich der Menschen annehmen, sie begleiten – wie der gute Samariter, der seinen Nächsten wäscht, reinigt, aufhebt. Das ist pures Evangelium. Gott ist größer als die Sünde. Die organisatorischen und strukturellen Reformen sind sekundär, sie kommen danach. Die erste Reform muss die der Einstellung sein. Die Diener des Evangeliums müssen in der Lage sein, die Herzen der Menschen zu erwärmen, in der Nacht mit ihnen zu gehen. Sie müssen ein Gespräch führen und in die Nacht hinabsteigen können, in ihr Dunkel, ohne sich zu verlieren. Das Volk Gottes will Hirten und nicht Funktionäre oder Staatskleriker. Die Bischöfe speziell müssen Menschen sein, die geduldig die Schritte Gottes mit seinem Volk unterstützen können, so dass niemand zurückbleibt. Sie müssen die Herde auch begleiten können, die weiß, wie man neue Wege geht.«

(Interview mit Jesuitenzeitschriften, veröffentlicht am 19.9.2013)

Das Christentum ist keine bloße Religion der Ideen, besteht nicht aus reiner Theologie, Ästhetik und Geboten. Wir sind ein Volk, das Jesus Christus nachfolgt und das Zeugnis ablegt, das Zeugnis von Jesus Christus geben will. Und zuweilen geht dieses Zeugnis bis zur Hingabe des Lebens ... Das Zeugnis, ob es nun im Alltag, mit Schwierigkeiten oder auch in der Verfolgung, mit dem Tod geleistet wird, ist immer fruchtbar. Die Kirche ist fruchtbar und Mutter, wenn sie Zeugnis von Jesus Christus gibt. Wenn die Kirche sich hingegen in sich selbst verschließt, wenn sie sich sozusagen als eine Religions-Universität versteht, mit vielen schönen Ideen, vielen schönen Kirchen, vielen schönen Museen, vielen schönen Dingen, dann gibt sie kein Zeugnis: Dann wird sie unfruchtbar. Und der Christ genauso. Der Christ, der kein Zeugnis gibt, bleibt unfruchtbar, ohne das Leben zu geben, das er von Jesus Christus empfangen hat.

Wie ist mein Zeugnis? Bin ich ein Christ, der Zeugnis für Christus ablegt, oder bin ich nur ein ganz einfaches Mitglied dieser Sekte? Bin ich fruchtbar, weil ich Zeugnis ablege, oder bleibe ich unfruchtbar, weil ich nicht dazu imstande bin, zuzulassen, dass mich der Heilige Geist in meiner christlichen Berufung voranbringt?

(Predigt in der Frühmesse, 6.5.2014)

Es ist nicht möglich, »Christus zu lieben, aber ohne die Kirche; auf Christus zu hören, aber nicht auf die Kirche; mit Christus zu sein, aber außerhalb der Kirche« [ein Zitat von Paul VI.]. Es ist ja gerade die Kirche, die große Familie Gottes, die uns Christus bringt. Unser Glaube ist keine abstrakte Lehre oder eine Philosophie, sondern er ist die lebendige und volle Beziehung zu einer Person: zu Jesus Christus, dem eingeborenen Sohn Gottes, der Mensch geworden, gestorben und auferstanden ist, um uns zu retten, und der in unserer Mitte lebendig ist. Wo können wir ihm begegnen? Wir begegnen ihm in der Kirche, in unserer heiligen hierarchischen Mutter Kirche. Es ist die Kirche, die heute sagt: »Seht das Lamm Gottes«; die Kirche ist es, die ihn verkündet; in der Kirche führt Jesus sein gnadenvolles Handeln in den Sakramenten fort.

(Predigt, 1.1.2015)

Keine Offenbarung Christi, auch nicht eine noch so mystische, kann je vom Leib und Blut der Kirche, von der geschichtlichen Konkretheit des Leibes Christi losgelöst werden. Ohne die Kirche wird Jesus schließlich auf eine Idee, auf eine Moral, auf ein Gefühl reduziert. Ohne die Kirche wäre unsere Beziehung zu Christus unserer Fantasie, unseren Interpretationen, unseren Launen preisgegeben.

(Predigt, 1.1.2015)

... Gemeinschaft der Heiligen

Wie selbstverständlich für Franziskus die Vorstellung ist, dass unsere Verstorbenen jetzt im Himmel sind und dort für uns eintreten, dass die Kirche also buchstäblich eine Gemeinschaft der noch lebenden und der schon verstorbenen Christen ist und sozusagen mit einem Bein schon im Himmel steht, hat schon der erste in unserem Buch zitierte Text deutlich gemacht. Es ist sein privates, mit eigenen Worten formuliertes Glaubensbekenntnis, in dem es heißt: »Ich glaube, dass Papa bei Gott im Himmel ist. Ich glaube, dass Padre Duarte auch dort ist und für mein Priestertum betet.« Padre Duarte war Beichtvater des jungen Jorge Mario Bergoglio.

Als das Zweite Vatikanische Konzil den Menschen unserer Zeit die Kirche vor Augen stellte, war es sich einer grundlegenden Wahrheit bewusst, die man nie vergessen darf: Die Kirche ist keine statische, stillstehende Wirklichkeit, die ihr Ziel in sich selbst hat, sondern sie ist ständig in der Geschichte unterwegs, auf das letzte wunderbare Ziel hin, das Reich Gottes, dessen Keim und Anfang auf Erden die Kirche ist (vgl. Zweites Vatikanisches Ökumenisches Konzil,

Dogmatische Konstitution über die Kirche *Lumen gentium*, 5). Wenn wir uns diesem Horizont zuwenden, spüren wir, dass unsere Vorstellungskraft versagt und die Herrlichkeit des Geheimnisses, das unsere Sinne übersteigt, nur entfernt erahnen kann. Und gleich kommen uns einige Fragen: Wann wird diese endgültige Umgestaltung stattfinden? Wie wird die neue Dimension, in die die Kirche eintritt, beschaffen sein? Was geschieht dann mit der Menschheit? Und was geschieht mit der Schöpfung, die uns umgibt? Diese Fragen sind jedoch nicht neu, bereits die Jünger hatten sie Jesus seinerzeit gestellt: »Wann aber wird das geschehen? Wann wird der Geist über die Schöpfung, über die Geschöpfe, über alles triumphieren?« Das sind menschliche Fragen, uralte Fragen. Auch wir stellen diese Fragen.

Die Konzilskonstitution *Gaudium et spes* sagt angesichts dieser Fragen, die von jeher im Herzen des Menschen vorhanden sind: »Den Zeitpunkt der Vollendung der Erde und der Menschheit kennen wir nicht, und auch die Weise wissen wir nicht, wie das Universum umgestaltet werden soll. Es vergeht zwar die Gestalt dieser Welt, die durch die Sünde missgestaltet ist, aber wir werden belehrt, dass Gott eine neue Wohnstätte und eine neue Erde bereitet, auf der die Gerechtigkeit wohnt, deren Seligkeit jede Sehnsucht nach Frieden in den Herzen der Menschen erfüllt und übertrifft« (Nr. 39). Zu diesem Ziel strebt die Kirche hin; es ist, wie es in der Bibel heißt, das »neue Jerusalem«, das »Paradies«. Viel mehr als um einen Ort handelt es sich um einen »Zustand« der Seele, in dem unsere tiefsten Erwartungen überreich erfüllt sein werden und unser Dasein als Geschöpfe und Kinder Gottes zur vollen Reife gelangen wird. Wir werden endlich vollständig und grenzenlos mit der Freude, dem Frieden und der Liebe Gottes bekleidet sein und ihn schauen von Angesicht zu Angesicht! (vgl. 1 Kor 13,12). Es ist schön, daran zu denken, an den Himmel zu denken. Wir alle werden uns dort oben befinden, alle. Es ist schön, es gibt der Seele Kraft.

In dieser Hinsicht ist es schön, zu erkennen, dass eine grundlegende Kontinuität und Gemeinschaft besteht zwischen der Kirche, die im Himmel ist, und jener, die noch auf Erden pilgert. Denn jene, die bereits vor Gottes Angesicht leben, können uns stützen und für uns Fürsprache halten, für uns beten. Andererseits sind auch wir stets aufgefordert, das Opfer guter Werke, des Gebets und der Eucharistie darzubringen, um das Leid der Seelen zu lindern, die noch auf die ewige Seligkeit warten. Ja, denn in christlicher Sicht besteht die Unterscheidung nicht darin, wer schon oder noch nicht tot ist, sondern wer in Christus ist und wer nicht! Das ist das maßgebliche, wirklich entscheidende Element für unser Heil und unsere Seligkeit.

Gleichzeitig lehrt uns die Heilige Schrift, dass die Vollendung dieses wunderbaren Planes auch all das betrifft, was uns umgibt und das aus dem Geist und dem Herzen Gottes hervorgegangen ist. Der Apostel Paulus bekräftigt es ausdrücklich, wenn er sagt: »Auch die Schöpfung soll von der Sklaverei und Verlorenheit befreit werden zur Freiheit und Herrlichkeit der Kinder Gottes« (Röm 8,21). Andere Texte benutzen das Bild vom »neuen Himmel« und von der »neuen Erde« (vgl. 2 Petr 3,13; Offb 21,1), in dem Sinne, dass das ganze Universum erneuert und ein für alle Mal von jeder Spur des Bösen und auch des Todes befreit sein wird. In Aussicht gestellt ist also – als Vollendung einer Umgestaltung, die in Wirklichkeit seit dem Tod und der Auferstehung Christi bereits im Gang ist – eine neue Schöpfung. Der Kosmos und all das, was uns umgibt, wird also nicht vernichtet, sondern alles wird zur Fülle des Seins, der Wahrheit, der Schönheit gelangen. Das ist der Plan, den Gott – Vater, Sohn und Heiliger Geist – seit jeher umsetzen wollte und umsetzt.

Liebe Freunde, wenn wir an diese herrlichen Wirklichkeiten denken, die uns erwarten, dann merken wir, wie sehr die Zugehörigkeit zur Kirche wirklich ein wunderbares Geschenk ist, das eine sehr hohe Berufung in sich trägt! Bitten wir daher die Jungfrau Maria, Mutter der Kirche, stets über unseren Weg zu wachen und uns zu helfen, wie sie ein frohes Zeichen des Vertrauens und der Hoffnung inmitten unserer Brüder zu sein.

(Generalaudienz, 26.11.2014)

... Vergebung der Sünden

Hier sind wir bei einem Thema, das dem argentinischen Papst ganz besonders am Herzen liegt. Wir sind alle Sünder, aber Gott wird aus Barmherzigkeit nicht müde, uns zu vergeben – das sind Sätze, die Franziskus immer wiederholt. Mit dieser Botschaft begann er schon sein Pontifikat, wie die folgenden Textauszüge zeigen.

Die Botschaft Jesu ist diese: Barmherzigkeit. Für mich – ich sage das in aller Bescheidenheit – ist das die stärkste Botschaft des Herrn: die Barmherzigkeit. Aber er selbst hat es ja gesagt: »Ich bin nicht für die Gerechten gekommen.« Die Gerechten rechtfertigen sich selber. Oh, lieber Gott, wenn du das kannst, ich kann es nicht! Doch sie glauben, es zu können. – »Ich bin für die Sünder gekommen« (vgl. Mk 2,17).

Denkt an das Gerede nach der Berufung des Matthäus: »Aber dieser da gibt sich mit Sündern ab!« (vgl. Mk 2,16). Er aber ist für uns gekommen, wenn wir zugeben, dass wir Sünder sind. Doch wenn wir sind wie jener Pharisäer vor dem Altar – »Ich danke dir, Herr, dass ich nicht bin wie all die anderen Menschen und auch nicht wie der da an der Tür, wie dieser Zöllner« (vgl. Lk 18,11–12) –, dann kennen wir nicht das Herz des Herrn und werden niemals die Freude haben, diese Barmherzigkeit zu spüren!

Es ist nicht leicht, sich der Barmherzigkeit Gottes anzuvertrauen, denn das ist ein unergründlicher Abgrund. Aber wir müssen es tun! »Oh, Pater, würden Sie mein Leben kennen, dann würden Sie nicht so mit mir reden!« – »Wieso? Was hast du getan?« – »Oh, ich habe Schlimmes getan!« – »Umso besser! Geh zu Jesus: Ihm gefällt es, wenn du ihm diese Dinge erzählst!« Er vergisst, er hat eine ganz besondere Fähigkeit, zu vergessen. Er vergisst, küsst dich, schließt dich in seine Arme und sagt dir nur: »Auch ich verurteile dich nicht. Geh und sündige von jetzt an nicht mehr!« (Joh 8,11). Nur diesen Rat gibt er dir.

Einen Monat später sind wir wieder in derselben Lage ... Kehren wir zum Herrn zurück! Der Herr wird niemals müde zu verzeihen: niemals! Wir sind es, die müde werden, ihn um Vergebung zu bitten! Erbitten wir also die Gnade, dass wir nicht müde werden um Vergebung zu bitten, denn er wir nie müde zu verzeihen. Bitten wir um diese Gnade!

(Predigt in der Vatikan-Pfarrkirche, 17.3.2013)

Wie schön ist diese Wirklichkeit des Glaubens für unser Leben: die *Barmherzigkeit* Gottes! Eine so große, so tiefe Liebe hat Gott zu uns, eine Liebe, die niemals nachlässt, immer unsere Hand ergreift und uns stützt, uns wieder aufrichtet, uns lenkt.

(Predigt im Lateran, 7.4.2013)

Brüder und Schwestern, verlieren wir niemals das Vertrauen in die geduldige Barmherzigkeit Gottes! Denken wir an die beiden Emmausjünger: Mit traurigem Gesicht gehen sie so vor sich hin, ohne Hoffnung. Aber Jesus verlässt sie nicht: Er geht mit ihnen, und nicht nur das! Geduldig erklärt er ihnen, was in der Schrift über ihn geschrieben steht, und bleibt, um mit ihnen Mahl zu halten. Das ist der Stil Gottes: Er ist nicht ungeduldig wie wir, die wir oft alles und sofort wollen, auch von den Menschen. Gott hat Geduld mit uns, denn er liebt uns, und wer liebt, der versteht, hofft, schenkt Vertrauen, gibt nicht auf, bricht die Brücken nicht ab, weiß zu verzeihen. Erinnern wir uns daran in unserem Leben als Christen: Gott wartet immer auf uns, auch wenn wir uns entfernt haben! Er ist niemals fern, und wenn wir zu ihm zurückkehren, ist er bereit, uns in seine Arme zu schließen.

(Predigt im Lateran, 7.4.2013)

Mir macht es immer einen tiefen Eindruck, wenn ich das Gleichnis vom barmherzigen Vater lese; es beeindruckt mich, weil es mir stets große Hoffnung schenkt. Denkt an jenen jüngeren Sohn, der im Haus des Vaters war, der geliebt wurde. Und doch will er sein Erbteil, geht weg, gibt alles aus, sinkt auf das niedrigste Niveau herab, am weitesten entfernt vom Vater. Und als er völlig heruntergekommen ist, verspürt er Heimweh nach der Geborgenheit des Vaterhauses, und er kehrt zurück. Und der Vater? Hatte er seinen Sohn vergessen? Nein, niemals. Er ist dort, sieht ihn von weitem, erwartete ihn jeden Tag, jeden Moment: Immer hatte er ihn als Sohn in seinem Herzen, obwohl dieser ihn verlassen hatte, obwohl er das ganze Erbe, das heißt seine Freiheit vergeudet hatte. Mit Geduld und Liebe, mit Hoffnung und Barmherzigkeit hatte der Vater nicht einen Moment aufgehört, an ihn zu denken, und sobald er ihn von ferne erspäht, läuft er ihm entgegen und umarmt ihn zärtlich – mit der Zärtlichkeit Gottes – ohne ein einziges Wort des Vorwurfs: Er ist zurückgekehrt! Und das ist die Freude des Vaters. In dieser Umarmung des Sohns liegt diese ganze Freude: Er ist zurückgekehrt! Gott wartet immer auf uns, er wird nicht müde. Jesus führt uns diese barmherzige Geduld Gottes vor Augen, damit wir Vertrauen und Hoffnung zurückgewinnen, immer! Ein großer deutscher Theologe, Romano Guardini, sagte, dass die Geduld Gottes auf unsere Schwäche antwortet und dies die Rechtfertigung unserer Zuversicht, unserer Hoffnung ist (vgl. *Glaubenserkenntnis,* Würzburg 1949, S. 28). Das ist wie ein Zwiegespräch zwischen unserer Schwachheit und der Geduld Gottes. Ein Dialog – wenn wir diesen Dialog führen, schenkt er uns Hoffnung.

(Predigt im Lateran, 7.4.2013)

Die Geduld Gottes muss in uns den *Mut* antreffen, *zu ihm zurückzukehren,* ganz gleich welchen Fehler, welche Sünde es in unserem Leben gibt. Jesus lädt Thomas ein, den Finger in die Wunden seiner Hände und Füße und die Hand in seine geöffnete Seite zu legen. Auch wir können in die Wunden Jesu hineinfassen, ihn wirklich berühren; und das geschieht jedes Mal, wenn wir gläubig die Sakramente empfangen. Der heilige Bernhard sagt in einer schönen Predigt: »Durch ... die Wunden [Jesu] kann ich Honig aus dem Felsen saugen und Öl aus den Felsspalten (vgl. Dtn 32,13), das heißt kosten und erfahren, wie gut der Herr ist« (*Homilie über das Hohelied* 61,4). Gerade in den Wunden Jesu sind wir sicher, dort zeigt sich die unermessliche Liebe seines Herzens. Thomas hatte es begriffen. Der heilige Bernhard fragt sich: Aber worauf kann ich mich verlassen? Auf meine Verdienste? Doch »mein Verdienst ist die Barmherzigkeit Gottes. Sicher bin ich nicht arm an Verdiensten, solange er reich an Barmherzigkeit ist. Und so habe ich, wenn die Barmherzigkeiten des Herrn zahlreich sind, einen Überfluss an Verdiensten« (ebd. 5). Das ist wichtig: der Mut, mich der Barmherzigkeit Jesu anzuvertrauen, auf seine Geduld zu zählen, immer Zuflucht in den Wunden seiner Liebe zu nehmen. Der heilige Bernhard geht so weit zu sagen: »Doch was soll ich sagen, wenn ich Gewissensbisse habe wegen meiner vielen Sünden? »Wo die Sünde mächtig wurde, da ist die Gnade übergroß geworden« (Röm 5,20)« (ebd.).

(Predigt im Lateran, 7.4.2013)

Vielleicht könnte jemand unter uns denken: Meine Sünde ist so groß, meine Entfernung von Gott ist wie die des jüngeren Sohnes aus dem Gleichnis, mein Unglaube ist wie der des Thomas; ich habe nicht den Mut, umzukehren, zu meinen, Gott könne mich aufnehmen und warte ausgerechnet auf mich. Doch Gott wartet gerade auf dich, er verlangt von dir nur den Mut, zu ihm zu gehen. Wie oft habe ich in meinem seelsorglichen Dienst die Worte gehört: »Pater, ich habe viele Sünden«; und meine Einladung war immer: »Keine Angst, geh zu ihm, er erwartet dich, er wird alles tun.« Wie viele weltliche Angebote hören wir in unserer Umgebung, aber lassen wir uns vom Angebot Gottes ergreifen – es ist eine herzliche Liebkosung. Für Gott sind wir keine Nummern, wir sind ihm wichtig, ja, wir sind das Wichtigste, das er hat; auch wenn wir Sünder sind, sind wir das, was ihm am meisten am Herzen liegt.

(Predigt im Lateran, 7.4.2013)

Jesus hat sich für uns entäußert, hat die Schande Adams, die Nacktheit seiner Sünde auf sich geladen, um unsere Sünde reinzuwaschen: Durch seine Wunden sind wir geheilt. Erinnert euch an die Worte des heiligen Paulus: Welcher Sache soll ich mich rühmen, wenn nicht meiner Schwachheit, meiner Armseligkeit? Gerade indem ich meine Sünde empfinde, indem ich meine Sünde anschaue, kann ich die Barmherzigkeit Gottes, seine Liebe sehen und ihr begegnen und zu ihm gehen, um die Vergebung zu empfangen.

In meinem persönlichen Leben habe ich viele Male das barmherzige Antlitz Gottes, seine Geduld gesehen. Bei vielen Menschen habe ich auch den Mut beobachtet, in die Wunden Jesu hineinzufassen und ihm zu sagen: Herr, da bin ich, nimm meine Armut an, verbirg meine Sünde in deinen Wunden, wasche sie rein mit deinem Blut. Und ich habe immer gesehen, dass Gott es getan hat, dass er aufgenommen, getröstet, gewaschen, geliebt hat.

(Predigt im Lateran, 7.4.2013)

Denkt immer daran: Das Leben ist ein Weg. Es ist ein Weg. Ein Weg, um Jesus zu begegnen ... Jesus blickt mit Liebe auf uns, er liebt uns so sehr, er will unser Bestes und er blickt immer auf uns. Jesus zu begegnen bedeutet auch, dich von ihm anblicken zu lassen. »Aber Vater, du weißt«, so könnte jemand von euch zu mir sagen, »du weißt, dass dieser Weg für mich ein schlimmer Weg ist, weil ich ein so großer Sünder bin, ich habe so viele Sünden begangen ... wie kann ich Jesus begegnen?« Aber du weißt, dass die Menschen, die Jesus am meisten finden wollte, die größten Sünder waren.

Man hat ihn dafür getadelt und die Menschen – jene, die sich für gerecht hielten – sagten: Aber dieser da, das ist kein wahrer Prophet, schau dir mal an, in was für einer schönen Gesellschaft er sich befindet! Er war mit den Sündern zusammen ... Und er sagte: Ich bin gekommen für die, die Gesundheit und Heilung brauchen, und Jesus heilt unsere Sünden. Und auch wenn wir – alle Sünder, alle, alle sind wir Sünder – auf dem Weg irren, wenn wir eine Sünde begehen, wenn wir sündigen, kommt Jesus und vergibt uns. Und diese Vergebung, die wir in der Beichte empfangen, ist eine Begegnung mit Jesus. Immer begegnen wir Jesus.

Gehen wir im Leben so voran, wie der Prophet sagt, zum Berg, bis zum Tag, an dem die endgültige Begegnung stattfinden wird, wo wir diesen schönen, sehr schönen Blick Jesu sehen können werden. Das ist das christliche Leben: auf dem Weg sein, vorangehen, vereint als Brüder, die einander lieben. Jesus begegnen.

(Predigt in einer römischen Pfarrei, 1.12.2013)

Verlass das Grab

Denken wir nach: Welches ist der Teil meines Herzens, der verdorben werden kann, weil ich an den Sünden hänge oder an der Sünde oder an irgendeiner Sünde? Und den Stein wegnehmen, den Stein der Scham wegnehmen, und zulassen, dass der Herr zu uns sagt, wie er zu Lazarus gesagt hat: »Komm heraus!« Damit unsere ganze Seele heil sein möge, auferweckt werden möge durch die Liebe Jesu, durch die Macht Jesu. Er kann uns verzeihen. Das brauchen wir alle! Alle. Wir sind alle Sünder, aber wir müssen aufpassen, dass wir nicht Verdorbene werden. Sünder sind wir sicherlich, aber er vergibt uns. Hören wir die Stimme Jesu, der mit der Macht Gottes zu uns sagt: »Komm heraus! Verlass das Grab, das du in dir trägst. Komm heraus. Ich gebe dir das Leben, ich mache dich glücklich, ich segne dich, ich will dich für mich.«

(Predigt in einer römischen Pfarrei, 6.4.2014)

... Auferstehung der Toten und das ewige Leben

Was wird am Ende der Zeiten mit dem Volk Gottes sein? Was wird mit einem jeden von uns sein? Was dürfen wir uns erwarten?

Der Apostel Paulus ermutigte die Christen der Gemeinde von Thessalonich, die sich dieselben Fragen stellten, und nach seiner Unterweisung stehen diese Worte, die zu den schönsten des Neuen Testaments gehören: »Dann werden wir immer beim Herrn sein« (1 Thess 4,17). Es sind einfache

Worte, die jedoch so sehr mit Hoffnung erfüllt sind! Es ist bezeichnend, dass Johannes im Buch der Offenbarung in Anlehnung an die Eingebung der Propheten die letzte, endgültige Dimension als »das neue Jerusalem« beschreibt, das von Gott her aus dem Himmel herabkommt, »bereitet wie eine Braut, die sich für ihren Mann geschmückt hat« (Offb 21,2). Das ist es, was uns erwartet! Und das also ist die Kirche: Sie ist das Volk Gottes, das dem Herrn Jesus nachfolgt und sich Tag für Tag bereitet für die Begegnung mit ihm, wie eine Braut für ihren Bräutigam. Und das sagt man nicht nur so, sondern es wird im wahrsten Sinne des Wortes eine Hochzeit sein! Ja, denn Christus hat sich, indem er Mensch geworden ist wie wir und uns durch seinen Tod und seine Auferstehung mit sich vereint hat, wirklich mit uns vermählt und uns als Volk zu seiner Braut gemacht. Und das ist nichts anderes als die Erfüllung des Plans der Gemeinschaft und der Liebe, den Gott im Laufe der ganzen Geschichte, der Geschichte des Volkes Gottes und auch der eigenen Geschichte eines jeden von uns entworfen hat. Der Herr bringt das voran.

(Generalaudienz, 15.10.2014)

Es gibt jedoch noch ein anderes Element, das uns weiter tröstet und das uns das Herz öffnet: Johannes sagt uns, dass in der Kirche, der Braut Christi, das »neue Jerusalem« sichtbar wird. Das bedeutet, dass die Kirche, die Braut ist, auch dazu berufen ist, zur Stadt zu werden, zum Symbol des Zusammenlebens und der zwischenmenschlichen Beziehungen schlechthin. Wie schön also, dass wir bereits jetzt, einem weiteren äußerst eindrucksvollen Bild der Offenbarung zufolge, alle Menschen und alle Völker gemeinsam in dieser Stadt – gleichsam in einer Wohnung, der »Wohnung Gottes« (vgl. Offb 21,3) – versammelt betrachten können! Und in diesem herrlichen Rahmen wird es keine Absonderung, keinen Machtmissbrauch und keine Unterschiede jeglicher Art – sozialer, ethischer oder religiöser Natur – mehr geben, sondern wir werden alle eins sein in Christus.

(Generalaudienz, 15.10.2014)

Angesichts dieses beispiellosen und wunderbaren Szenariums muss unser Herz sich stark in der Hoffnung bestätigt sehen. Ihr seht: Die christliche Hoffnung ist nicht einfach nur eine Sehnsucht, ein Wunsch, sie ist kein Optimismus. Für einen Christen ist die Hoffnung Erwartung: große, leidenschaftliche Erwartung der letzten und endgültigen Erfüllung eines Geheimnisses, des Geheimnisses der Liebe Gottes, in der wir neu geboren sind und bereits leben. Und es ist die Erwartung, dass jemand bald kommt: Es ist Christus, der Herr, der uns immer näher kommt, Tag für Tag, und der kommt, um uns endlich in die Fülle seiner Gemeinschaft und seines Friedens einzuführen. Die Kirche hat also die Aufgabe, die Lampe der Hoffnung angezündet und gut sichtbar zu erhalten, damit sie weiter als sicheres Zeichen des Heils leuchten und der ganzen Menschheit den Weg erhellen kann, der zur Begegnung mit dem barmherzigen Antlitz Gottes führt.

(Generalaudienz, 15.10.2014)

Liebe Brüder und Schwestern, das ist es also, was wir erwarten: dass Jesus wiederkehrt! Die Kirche als Braut erwartet ihren Bräutigam! Wir müssen uns jedoch ganz ehrlich fragen:

Sind wir wirklich leuchtende und glaubwürdige Zeugen dieser Erwartung, dieser Hoffnung? Leben unsere Gemeinschaften noch im Zeichen der Gegenwart des Herrn Jesus und in der freudigen Erwartung seiner Wiederkunft oder scheinen sie müde dahinzudämmern unter der Last der Mühe und der Resignation? Laufen auch wir Gefahr, das Öl des Glaubens und das Öl der Freude zu verbrauchen? Seien wir achtsam! Bitten wir die Jungfrau Maria, Mutter der Hoffnung und Himmelskönigin, dass sie uns stets in einer Haltung des Hörens und der Erwartung erhalten möge, damit wir bereits jetzt von der Liebe Christi durchdrungen sein und eines Tages an der nie endenden Freude teilhaben können, in der vollen Gemeinschaft Gottes, und vergesst nicht, vergesst nie: »Dann werden wir immer beim Herrn sein« (1 Thess 4,17).

(Generalaudienz, 15.10.2014)

Diese Vision des Himmels ... ist sehr schön: Gott, der Herr, die Schönheit, die Güte, die Wahrheit, die Zärtlichkeit, die vollkommene Liebe. Das alles erwartet uns. Jene, die uns vorausgegangen und im Herrn gestorben sind, sind dort. Sie verkünden, dass sie nicht aufgrund ihrer Werke gerettet worden sind – sie haben auch Gutes getan –, sondern dass sie vom Herrn gerettet wurden: »Die Rettung kommt von unserem Gott, der auf dem Thron sitzt, und von dem Lamm« (Offb 7,10). Er ist es, der uns rettet; er ist es, der uns am Ende unseres Lebens an der Hand nimmt wie ein Vater und uns in jenen Himmel bringt, wo unsere Vorfahren sind. Einer der Ältesten stellt eine Frage: »Wer sind diese, die weiße Gewänder tragen, und woher sind sie gekommen?« (V. 13). Wer sind diese Gerechten, diese Heiligen, die im Himmel sind? Die Antwort ist: »Es sind die, die aus der großen Bedrängnis kommen; sie haben ihre Gewänder gewaschen und im Blut des Lammes weiß gemacht« (V. 14).

(Predigt auf dem römischen Friedhof Verano, 1.11.2013)

Unser Anker: die Hoffnung

Das ist der Segen des Herrn, den wir noch haben: die Hoffnung. Die Hoffnung, dass er sich seines Volkes erbarmen wird, dass er Mitleid haben wird mit denen, die in der großen Bedrängnis sind, dass er sich auch der Zerstörer erbarmen wird, damit sie sich bekehren. So geht die Heiligkeit der Kirche voran: mit diesen Menschen, mit uns, die wir Gott sehen werden, wie er ist. Wie muss unsere Haltung sein, wenn wir zu diesem Volk gehören und den Weg zum Vater gehen wollen, in dieser Welt der Zerstörung, in dieser Welt der Kriege, in dieser Welt der Bedrängnis? Unsere Haltung ... ist die Haltung der Seligpreisungen.

Nur dieser Weg wird uns zur Begegnung mit Gott führen. Nur dieser Weg wird uns vor der Zerstörung retten, der Zerstörung der Erde, der Schöpfung, der Moral, der Geschichte, der Familie, von allem. Nur dieser Weg: Aber er wird uns Schlimmes erleben lassen. Er wird uns Probleme bringen, Verfolgung. Aber nur dieser Weg allein wird uns voranbringen. Und dieses Volk, das heute unter dem Egoismus der Zerstörer, unserer Brüder, der Zerstörer, so sehr leidet, dieses Volk geht voran mit den Seligpreisungen, mit der Hoffnung, Gott zu finden, uns mit dem Herrn unter vier Augen zu finden, mit der Hoffnung, heilig zu werden, in jenem Moment der endgültigen Begegnung mit ihm.

Der Herr möge uns helfen und uns die Gnade dieser Hoffnung schenken, aber auch die Gnade des Mutes, hinauszugehen aus all dem, was Zerstörung ist, Schädigung, Relativismus des Lebens, Ausgrenzung von anderen, Ausschluss von Werten, Ausschluss von all dem, was der Herr uns geschenkt hat: Ausschluss des Friedens. Er möge uns davon befreien und uns die Gnade schenken, mit der Hoffnung voranzugehen, dass wir uns eines Tages mit ihm unter vier Augen befinden. Und diese Hoffnung, Brüder und Schwestern, trügt nicht!
(Predigt auf dem römischen Friedhof Verano, 1.11.2014)

Die ersten Christen stellten die Hoffnung als Anker dar, so als sei das Leben der Anker, der an das Ufer des Himmels geworfen wurde, wir alle uns auf dem Weg zu jenem Ufer befinden und uns dabei am Ankertau festklammern. Das ist ein schönes Bild der Hoffnung: das Herz dort verankert haben, wo unsere Vorfahren sind, wo die Heiligen sind, wo Jesus ist, wo Gott ist. Das ist die Hoffnung, die niemals zugrunde gehen lässt; heute und morgen sind Tage der Hoffnung. Die Hoffnung ist ein wenig so wie der Sauerteig, der deine Seele groß werden lässt. Es gibt schwierige Augenblicke im Leben, aber mit der Hoffnung geht die Seele voran und blickt auf das, was uns erwartet.
(Predigt auf dem römischen Friedhof Verano, 1.11.2013)

Heute ... kann jeder von uns an das Ende seines Lebens denken: »Wie wird mein Lebensende aussehen?« Wir alle werden ein Lebensende haben, jeder! Blicke ich mit Hoffnung darauf? Betrachte ich es mit der Freude, vom Herrn aufgenommen zu werden? Das ist ein christlicher Gedanke, der uns Frieden schenkt. Heute ist ein Tag der Freude, aber einer zuversichtlichen, ruhigen Freude, der Freude des Friedens. Denken wir an das Lebensende so vieler Brüder und Schwestern, die uns vorausgegangen sind, denken wir an unsere letzte Stunde, wenn sie kommt. Und denken wir an unser Herz und fragen wir uns: »Wo ist mein Herz verankert?« Wenn es nicht gut verankert ist, dann verankern wir es dort, an jenem Ufer, wissend, dass die Hoffnung nicht enttäuscht, weil der Herr niemals enttäuscht.

(Predigt auf dem römischen Friedhof Verano, 1.11.2013)

➤ Wo ist mein Herz »verankert«?

Anhang

Auszüge aus der Enzyklika Lumen Fidei

Dass sich schon die erste Enzyklika von Papst Franziskus mit dem Thema Glauben beschäftigt, ist eher dem Zufall geschuldet: Papst Benedikt XVI. hatte den Text passend zum laufenden »Jahr des Glaubens« vorbereitet, aber vor seinem Rücktritt vom Februar 2013 nicht mehr beenden können, und sein Nachfolger Franziskus nahm den Text auf, ergänzte ihn, schrieb ihn stellenweise um und veröffentlichte ihn. Was in dieser Enzyklika aus der Feder Benedikts, was aus der Feder des neuen Papstes Franziskus stammt, ist schwer auszumachen. Jedenfalls hat sich Franziskus diesen Text zu eigen gemacht, darum darf man ihn durchaus auf ihn hin und von ihm her lesen.

4.] Der Glaube keimt in der Begegnung mit dem lebendigen Gott auf, der uns ruft und uns seine Liebe offenbart, eine Liebe, die uns zuvorkommt und auf die wir uns stützen können, um gefestigt zu sein und unser Leben aufzubauen.

7.] Im Glauben – der ein Geschenk Gottes ist, eine übernatürliche Tugend, die er uns eingießt – erkennen wir, dass uns eine große Liebe angeboten und ein gutes Wort zugesprochen wurde und dass wir, wenn wir dieses Wort – Jesus Christus, das Mensch gewordene Wort – aufnehmen, durch den Heiligen Geist verwandelt werden; er erhellt den Weg in die Zukunft und lässt uns die Flügel der Hoffnung wachsen, um diesen Weg freudig zurückzulegen. Glaube, Hoffnung und Liebe bilden in wunderbarer Verflechtung die Dynamik des christlichen Lebens auf die volle Gemeinschaft mit Gott hin ...

8.] Der Glaube ist an das Hören gebunden. Abraham sieht Gott nicht, aber er hört seine Stimme. Auf diese Weise nimmt der Glaube einen persönlichen Charakter an. Gott erweist sich so nicht als der Gott eines Ortes und auch nicht als der Gott, der an eine bestimmte heilige Zeit gebunden ist, sondern als der Gott einer Person ...

21.] So können wir die Neuheit erfassen, zu der uns der Glaube führt. Der Glaubende wird von der Liebe verwandelt, der er sich im Glauben geöffnet hat. In seinem Sich-Öffnen für diese Liebe, die ihm angeboten wird, weitet sich sein Leben über sich selbst hinaus ... Der Christ kann mit den Augen Jesu sehen, seine Gesinnung haben, seine Kind-Vater-Beziehung teilen, weil er seiner Liebe teilhaftig wird, die der Heilige Geist ist. In dieser Liebe empfängt man in gewisser Weise die Sichtweise Jesu ...

22.] Der Gläubige lernt, sich selbst von dem Glauben her zu sehen, den er bekennt. Die Gestalt Christi ist der Spiegel, in dem er die Verwirklichung des eigenen Bildes entdeckt.

24.] Der Mensch braucht Erkenntnis, er braucht Wahrheit, denn ohne sie hat er keinen Halt, kommt er nicht voran. Glaube ohne Wahrheit rettet nicht, gibt unseren Schritten keine Sicherheit. Er bleibt ein schönes Märchen, die Projektion unserer Sehnsucht nach Glück, etwas, das uns nur in dem Maß befriedigt, in dem wir uns Illusionen hingeben wollen. Oder er reduziert sich auf ein schönes Gefühl, das tröstet und wärmt, doch dem Wechsel unserer Stimmung und der Veränderlichkeit der Zeiten unterworfen ist …

26.] Der Glaube erkennt, weil er an die Liebe gebunden ist, weil die Liebe selber Licht bringt. Das Glaubensverständnis beginnt, wenn wir die große Liebe Gottes empfangen, die uns innerlich verwandelt und uns neue Augen schenkt, die Wirklichkeit zu sehen.

28.] Der wahre Gott ist der treue Gott, derjenige, der seine Versprechen hält …

34.] Der Gläubige ist nicht arrogant; im Gegenteil, die Wahrheit lässt ihn demütig werden, da er weiß, dass nicht wir sie besitzen, sondern vielmehr sie es ist, die uns umfängt und uns besitzt. Weit davon entfernt, uns zu verhärten, bringt uns die Glaubensgewissheit in Bewegung und ermöglicht das Zeugnis und den Dialog mit allen.

35.] Der religiöse Mensch versucht, die Zeichen Gottes in den täglichen Erfahrungen seines Lebens zu erkennen, im Kreislauf der Jahreszeiten, in der Fruchtbarkeit der Erde und in der ganzen Bewegung des Kosmos. Gott ist lichtvoll und kann auch von denen gefunden werden, die ihn mit aufrichtigem Herzen suchen.

Ein Bild dieser Suche sind die Sterndeuter, die von dem Stern bis nach Betlehem geführt wurden (vgl. Mt 2,1–12). Für sie hat sich das Licht Gottes als Weg gezeigt, als Stern, der einen Pfad der Entdeckungen entlangführt. So spricht der Stern von der Geduld Gottes mit unseren Augen, die sich an seinen Glanz gewöhnen müssen. Der religiöse Mensch ist unterwegs und muss bereit sein, sich führen zu lassen, aus sich herauszugehen, um den Gott zu finden, der immer überrascht. Diese Rücksicht Gottes gegenüber unseren Augen zeigt uns, dass das menschliche Licht, wenn der Mensch ihm näher kommt, sich nicht in der blendend hellen Unendlichkeit Gottes auflöst, als sei es ein im Morgengrauen verblassender Stern, sondern um so strahlender wird, je näher es dem ursprünglichen Feuer kommt, wie der Spiegel, der den Glanz reflektiert. Es gibt keine menschliche Erfahrung, keinen Weg des Menschen zu Gott, der von diesem Licht nicht aufgenommen, erleuchtet und geläutert werden könnte. Je mehr der Christ in den offenen Lichtkegel Christi eindringt, umso fähiger wird er, den Weg eines jeden Menschen zu Gott zu verstehen und zu begleiten.

Da der Glaube sich als Weg gestaltet, betrifft er auch das Leben der Menschen, die zwar nicht glauben, aber gerne glauben möchten und unaufhörlich auf der Suche sind. In dem Maß, in dem sie sich mit aufrichtigem Herzen der Liebe öffnen und sich mit dem Licht, das sie zu erfassen vermögen, auf den Weg machen, sind sie bereits, ohne es zu wissen, unterwegs zum Glauben. Sie versuchen so zu handeln, als gäbe es Gott – manchmal, weil sie seine Bedeutung erkennen, wenn es darum geht, verlässliche Orientierungen für das Gemeinschaftsleben zu finden; oder weil sie inmitten der Dunkelheit die Sehnsucht nach Licht verspüren; doch auch weil sie, wenn sie merken, wie groß und schön das Leben ist, erahnen, dass die Gegenwart Gottes es noch größer machen würde … Wer sich aufmacht, um Gutes zu tun, nähert sich bereits Gott und wird schon von seiner Hilfe unterstützt, denn es gehört zur Dynamik des göttlichen Lichts, unsere Augen zu erleuchten, wenn wir der Fülle der Liebe entgegengehen.

39.] Es ist unmöglich, allein zu glauben. Der Glaube ist nicht bloß eine individuelle Option, die im Innersten des Glaubenden geschieht, er ist keine isolierte Beziehung zwischen dem »Ich« des Gläubigen und dem göttlichen »Du«, zwischen dem autonomen Subjekt und Gott. Der Glaube öffnet sich von Natur aus auf das »Wir« hin und vollzieht sich immer innerhalb der Gemeinschaft der Kirche. Daran erinnert uns das in der Taufliturgie verwendete Glaubensbekenntnis in Dialogform. Das Glauben drückt sich als Antwort auf eine Einladung, auf ein Wort aus, das gehört werden muss und nicht aus einem selbst kommt. Deshalb fügt es sich innerhalb eines Dialogs ein und kann nicht das bloße Bekenntnis sein, das vom Einzelnen kommt. Es ist nur deshalb möglich, in erster Person mit »Ich glaube« zu antworten, weil man zu einer größeren Gemeinschaft gehört, weil man auch »wir glauben« sagt. ...

Wer den Glauben empfängt, entdeckt, dass die Räume seines »Ich« weiter werden, und in ihm wachsen neue Beziehungen, die sein Leben bereichern.

40.] Die Kirche gibt wie jede Familie den Inhalt ihres Gedächtnisses an ihre Kinder weiter ... Um einen bloß lehrmäßigen Inhalt, eine Idee weiterzugeben, würde vielleicht ein Buch oder die Wiederholung einer mündlichen Botschaft genügen. Aber was in der Kirche mitgeteilt wird, was in ihrer lebendigen Tradition weitergegeben wird, ist das neue Licht, das aus der Begegnung mit dem lebendigen Gott kommt; es ist ein Licht, das den Menschen in seinem Innern, im Herzen anrührt und dabei seinen Verstand, seinen Willen und sein Gefühlsleben mit einbezieht und ihn für lebendige Beziehungen in der Gemeinschaft mit Gott und den anderen offen macht. Um diese Fülle weiterzugeben, gibt es ein besonderes Mittel, das den ganzen Menschen ins Spiel bringt: Leib und Geist, Innerlichkeit und Beziehungen. Dieses Mittel sind die Sakramente, die in der Liturgie der Kirche gefeiert werden. In ihnen wird ein inkarniertes Gedächtnis mitgeteilt, das an Räume und Zeiten des Lebens gebunden ist und alle Sinne anspricht; in ihnen ist der Mensch als Mitglied eines lebendigen Subjekts in ein Geflecht gemeinschaftlicher Beziehungen miteinbezogen.

45.] Bei der Feier der Sakramente gibt die Kirche ihr Gedächtnis insbesondere durch das Glaubensbekenntnis weiter. Dabei geht es nicht so sehr darum, seine Zustimmung zu einer Sammlung von abstrakten Wahrheiten zu geben. Im Gegenteil, durch das Bekenntnis des Glaubens tritt das ganze Leben ein in einen Weg hin auf die volle Gemeinschaft mit dem lebendigen Gott. Wir können sagen, dass beim Credo der Glaubende eingeladen wird, in das Geheimnis einzutreten, das er bekennt, und von dem verwandelt zu werden, was er bekennt. Um den Sinn dieser Aussage zu verstehen, denken wir vor allem an den Inhalt des Credos. Dieses hat einen trinitarischen Aufbau: Der Vater und der Sohn sind eins im Geist der Liebe. Der Glaubende sagt so, dass die Mitte des Seins, das tiefste Geheimnis aller Dinge die innergöttliche Gemeinschaft ist. Außerdem enthält das Credo auch ein christologisches Bekenntnis: Es werden die Geheimnisse des Lebens Jesu bis zu seinem Tod, seiner Auferstehung und Himmelfahrt durchlaufen in der Erwartung seiner Wiederkunft in Herrlichkeit. Es wird also gesagt, dass dieser Gott, der Gemeinschaft ist – Austausch der Liebe von Vater und Sohn im Geist –, die ganze Geschichte des Menschen zu umfangen vermag und fähig ist, ihn in die Dynamik seiner Gemeinschaft hineinzuführen, die ihren Ursprung und ihr Endziel im Vater hat. Wer den Glauben bekennt, sieht sich in die Wahrheit, die er bekennt, einbezogen. Er kann die Worte des Credos nicht in Wahrheit aussprechen, ohne dadurch verwandelt zu werden, ohne sich auf die Geschichte der Liebe einzulassen, die ihn umfängt, die sein Leben weitet und ihn zu einem Teil einer großen Gemeinschaft werden lässt, des eigentlichen Subjekts, das das Credo spricht, nämlich die Kirche. Alle Wahrheiten, an die man glaubt, sprechen vom Geheimnis des neuen Lebens im Glauben als einem Weg der Gemeinschaft mit dem lebendigen Gott.

51.] Ja, der Glaube ist ein Gut für alle, er ist ein Gemeingut; sein Licht erleuchtet nicht nur das Innere der Kirche, noch dient er allein der Errichtung einer ewigen Stadt im Jenseits; er hilft uns, unsere Gesellschaften so aufzubauen, dass sie einer Zukunft voll Hoffnung entgegengehen.

54.] Der Glaube lehrt uns zu sehen, dass in jedem Menschen ein Segen für mich gegeben ist, dass das Licht des Antlitzes Gottes mich durch das Gesicht des Bruders erleuchtet.

55.] Sind es vielleicht wir, die wir uns schämen, Gott unseren Gott zu nennen? Sind wir es, die ihn als solchen in unserem Leben in der Öffentlichkeit nicht bekennen und die Größe des Lebens der Gemeinschaft nicht darstellen, die er möglich macht? Der Glaube macht das Leben in der Gesellschaft hell. Er besitzt ein schöpferisches Licht für jeden neuen Moment der Geschichte, weil er alle Ereignisse in Beziehung setzt zum Ursprung und Ziel von allem im Vater, der uns liebt.

56.] Der Christ weiß, dass das Leiden nicht beseitigt werden, aber einen Sinn erhalten kann, dass es zu einem Akt der Liebe und des Sich-Anvertrauens in die Hände Gottes, der uns nicht verlässt, und auf diese Weise zu einer Stufe des Wachstums im Glauben und in der Liebe werden kann. Wenn er betrachtet, wie Christus auch im Augenblick des größten Leidens am Kreuz (vgl. Mk 15,34) mit dem Vater eins ist, lernt der Christ, an der Sicht Jesu selbst teilzunehmen. Sogar der Tod wird hell und kann als letzter Ruf des Glaubens erlebt werden, als letztes »Zieh weg aus deinem Land« (Gen 12,1), als letztes »Komm«, das der Vater spricht. Ihm übergeben wir uns in dem Vertrauen, dass er uns auch beim endgültigen Schritt stark machen wird.

57.] Der Glaube ist nicht ein Licht, das all unsere Finsternis vertreibt, sondern eine Leuchte, die unsere Schritte in der Nacht leitet, und dies genügt für den Weg. Dem Leidenden gibt Gott nicht einen Gedanken, der alles erklärt, sondern er bietet ihm seine Antwort an in Form einer begleitenden Gegenwart, einer Geschichte des Guten, die sich mit jeder Leidensgeschichte verbindet, um in ihr ein Tor zum Licht aufzutun. In Christus wollte Gott selbst diesen Weg mit uns teilen ...

(Aus der Enzyklika Lumen Fidei, 29.6.2013)